I0122760

KARL·MARX
VERLAG

卡尔·马克思出版社

[本页留空]
[This page intentionally left blank.]

列宁主义辩证法和经验主义形而上学

Ленинская диалектика и метафизика позитивизма | Leninist Dialectics and the Metaphysics of Positivism

埃瓦尔德·瓦西里耶维奇·伊林柯夫 著
Эвальд Васильевич Ильенков

孔令恺，罗托 译
罗托 注

卡尔·马克思出版社

KARL·MARX
VERLAG

列宁主义辩证法和经验主义形而上学

作者: 埃瓦尔德·瓦西里耶维奇·伊林柯夫 Эвальд Васильевич Ильенков（前苏联）

译者：孔令恺，罗托（中国）

批注：罗托（中国）

ISBN: 978-3-9825536-0-3 (paperback)

封面设计：Spotii 传媒（英国）
字体：宋体（中文）；Times New Roman（英文）
印刷：法国巴黎/德国波茨坦
出版方：**卡尔·马克思出版社**
Karl-Marx Verlag, Burgstraße 23
14467 波茨坦，德国

- ▬ · ▬ · ▬ · ▬ · ▬ · ▬ · ▬ · ▬ · ▬ -

Ленинская диалектика и метафизика позитивизма | Leninist Dialectics and the Metaphysics of Positivism
Author: Evald Vassilievich Ilyenkov
Translator: Lingkai Kong, Tuo Luo
Commentator: Tuo Luo

ISBN: 978-3-9825536-0-3 (paperback)

Front cover image by Spotii Media
Type set in Songti & Times New Roman
Printed in Paris, France / Potsdam, Germany
Published by Karl-Marx Verlag
Burgstraße 23
14467 Potsdam, Germany

列宁主义辩证法和经验主义形而上学

Ленинская диалектика и метафизика позитивизма
Leninist Dialectics and the Metaphysics of Positivism

[本页留空]
[This page intentionally left blank.]

目录

关于译者

孔令恺。他在中国北京外国语大学获得经济学学士学位，在瑞士苏黎世大学获得经济学硕士学位。目前他是土耳其伊兹密尔经济大学政治学博士候选人。

他是《The Philosophical Reviews of International Politics (国际政治学的哲学评论)》一书的作者。他将约翰内斯·阿尔图修斯的《Politica Methodice Digesta Atque Exemplis Sacris Et Profanis Illustrata (政治：系统地阐述，以神圣和世俗的例子说明)》翻译成中文出版。将蒲鲁东的《The Principle of Federation and the Need to Reconstitute the Party of Revolution（联邦原则，和重建革命党的必要性）》翻译成中文。他重新翻译和编辑了《孙子兵法》的英文版，使其不同于目前流传的Lionel Giles版本而更加准确和可读。

他是伊斯坦布尔政治战略研究所的研究员。他是《Journal of Politics and Strategy（政治与战略杂志）》的经理。他曾在《Mathematical and Statistical Economics（数学与统计经济学）》、《Journal of Mathematical Finance（数学金融杂志）》和《Journal of Quantitative Finance and Economics（定量金融与经济杂志）》等期刊上发表文章。现在，他已转入政治理论研究。他的主要研究领域包括联邦制、政治哲学和民主理论。

罗托。马克思主义研究者、大连理工大学材料加工工程专业在读博士，目前主要从事陶瓷材料、电磁功能材料、环境障材料等方向的研究。研究与参与研究的成果发表在《Journal of Advanced Ceramics》、《Chemical Engineering Journal》等SCI期刊上。

致谢

本书原出版于 1979 年，于 1982 年由 New Park Publications 出版英文译本，感谢英文译者和出版公司作出的努力，将伊林柯夫对马列主义研究的贡献广为告知。事实上，直到现在，在俄语世界之外，伊林柯夫的名字与他所做出的贡献相比都是被忽略的。以至于译者将其作品引入中文世界时，甚至连作者的名字都需要进行广泛考证。

感谢马列主义文库提供的诸多有益的参考信息。至于本书，则更应感谢安迪·布伦登（Andy Blunden）博士的贡献。他不仅将本书的英文版资料整理和转录到马列主义文库，更是对黑格尔、马克思、列宁等人的著作和文献整理作出了卓越贡献。

翻译一本结构复杂，语言晦涩的冷门政治学著作必定不是一件容易的事情。感谢卡尔·马克思出版社在出版过程中给予的支持和协助。帮助这项研究充分显示了该出版社对科学和知识的真正追求，因它愿意去做一件短期无利可图而长期却填补了中文资料库该研究领域空白的事。

对在此过程中默默付出的匿名贡献者和劳动者，译者致以最大的敬意和感谢。

孔令恺，罗托

2023年7月

土耳其伊斯坦布尔，中国大连

前言

到底是坚持唯物主义辩证法，还是相信经验所得，把科学研究和政治分析建立在无论是个体的，还是集体的，又或者是领域的权威专家一致的经验结论中？针对 20 世纪初，党内出现的路线和思维分歧，列宁感到不得不作出表态，以免经验主义者们——那些在各自领域取得杰出成果的物理学家，化学家，生物学家们——尽管被称为自己所在学科的翘楚，但却自大到认为他们也可以在哲学方面高人一等的科学家们，有意或者无意地作出错误而荒谬的论述。如果这种论述仅限于他们自己的科研领域那还罢了，但事实上，这种本质上抛弃了唯物辩证法和辩证唯物主义的哲学思想和思维逻辑，已经逐步扩散到党内的政治工作领域，按照列宁的话讲，如果任由它发展下去，打着布尔什维主义的旗号进行着事实上反对马克思和恩格斯哲学本质的活动，那无异于毁灭了布尔什维主义，那无异于壮大了孟什维主义。

令列宁感到迷惑的是，这种彻彻底底，明明白白的唯心主义，这种从根源上抛弃了辩证唯物主义的想法为什么能够存在，以至于让一些尤其优秀的革命同志陷入泥潭——如果此时列宁还愿意称呼他们为同志的话——事实上，列宁从未放弃挽救这些同志的努力。这些同志包括文中多次出现的波格丹诺夫、卢那察尔斯基等人。列宁在高尔基的邀请下，特意来到这些马赫主义者的研讨大本营——卡普里岛，并试图劝说这些误入歧途的优秀的革命党人。但争论的结果显然是令人失望的。这令列宁更加清醒而紧迫地认识到，必须对这种错误的虚伪的观念进行系统的批判和驳斥，否则，它将极大地影响革命的进程：那些相信了马赫主义歪门邪道的人，必然无法完成实现社会主义革命以及进行社会主义建设的伟大任务。

列宁为此专门写作了《唯物主义和经验批判主义》一书，无情地揭露了马赫主义在根本上的荒谬性和矛盾性。这种荒谬不仅体现在：1）把特定学科的、片面的、偶然的经验当做全部科学研究的、完全的、普遍的规律。事实上，列宁指出，这所谓的"特定学科"主要是所谓"新物理学"，但即便是"新物理学"和马赫主义者们宣称的哲学也有很大距离。2）否认了社会意识产生于社会存在，否认了物质世界作为无论是个体意识还是集体意识产生的基础，而从根本上否认了马克思和恩格斯的哲学基础，而陷入了庸俗的唯心主义。3）试图消除矛盾而达到所谓的平衡。事物是在矛盾中，在自己的对立统一中运动和发展的，而马赫主义者竟然试图找到一种方式来消除所有的矛盾。他们试图论证存在这样一种"经济"的平衡，所有的需要都已经被满足，而没有产生新的运动的必要。4）如果你询问，如何达到马赫主义者所谓的"经济性"和"平衡性"，他们先从自己的特定学科出发，絮絮叨叨一大堆，但当他们试图从特定走向普遍时，却往往陷入主观主义和唯心主义陷阱。这在波格丹诺夫的政治科幻小说《红星》中就能看出。所谓实现火星人的理性对地球社会主义制度的改造，竟然是靠"爱的感情"，这无疑对自称代表着"近代科学的哲学"的马赫主义是一种讽刺。

　　一转眼，距离列宁和马赫主义者的论战已经过去了七十年，而当时作者所处的年代，或者说时时刻刻，在世界的任何角落，又何尝没有七十年前早已论证清楚的问题的遗留呢？为此，本书的作者伊林柯夫在1979年，重温了列宁和马赫主义者的精彩论战，并梳理总结了列宁的主要论点和思想。只有坚持辩证唯物主义，才是布尔什维主义的真正的立场，而其他任何类型的唯心主义，都不能是马克思和恩格斯哲学的真正基础。不论是在科学研究上，还是在政治学，社会学，经济学分析上，都要稳稳地把握住立场。始终坚持科学社会主义的基本逻辑分析方法，那就是始终坚持辩证唯物主义，坚持对立统一规律、质量互变规律、否定之否定规律。只有这样，才能如作者在1979年期望的那样，让列宁的"活的思想"就像对自然和社会的科学认知一样，就像国际共产主义运动一样，永远存活下去，使科学社会主义在全世界得以实现。

　　转眼间，距离作者说这句话又过去了四十多年了，距离"牢不可破的联盟"的崩解也过去了三十年。如今的世界局势纷繁复杂，正逢百年未有之大变局。在此情况下，重温列宁对辩证唯物主义的捍卫更具有重大意义。在中文语境下，如何把科学社会主义的思考和研究方法运用到具体实践，关系到能否走出一条"中国式现代化"道路，关系到中国的"道路自信"和"理论自信"是否能以制度建设的形式得到体现，关系到中国的"全过程人民民主"是否能为世界探索出一套不同于西方模式的独特道路。译者认为：1）坚持唯物主义辩证法，首先就是要"实事求是"。毛泽东同志提出："实事求是"是一切工作的思想方法、是一切工作所应遵循的思想路线。在决策发生之前，就要做出充分的调研，并根据事情本来的发展规律，指定出符合人民利益的具体决策。2）坚持唯物主义辩证法，还应该做到以矛盾和发展的眼光看问题。这就需要做到，在政策的具体论证时，要目光长远，要看到"麻烦"中潜在的机遇，要认真深入调研具体行业、科技、业态的本质并作出符合中国特色社会主义市场经济运行规律的具体举措。如果把行政管理，基层治理和被管理和被治理的对象对立起来，如果管理的措施只是为了方便管理本身而非被管理的对象，那就应该重读毛主席对我党，我国政府确立的宗旨："党的宗旨是全心全意为人民服务"，"中国政府的宗旨是为人民服务"。3）坚持唯物主义辩证法，就是要坚持斗争，坚决和错误的哲学，和荒谬的论调，和修正主义做斗争。面对西方政客和学界鼓吹的"自由民主"概念，面对西方成体系地、多媒体地、国家集团式地宣传，部分党员干部由于缺少科学社会主义教育，缺少回击的勇气和能力，而出现畏难和避战情绪——可是他们为什么会缺少呢？如果有回击，也仅限于自说自话式的背诵教条式的宣传口号而忽视其根本内涵。这体现出基层对科学社会主义的本质缺乏理解，对党的先进性缺乏敬畏而沦为喊口号和树标语，对"人民民主"内涵的理解从来不超出这4个字本身。导致了我们面对西方意识形态宣传时，进行的反击总是虚弱的，无根的，不成体系的，沦落为自说自话的复读机。如果有人说，真正的科学社会主义太难了，推行所有党员进行学习根本不现实。如果代表了中国人民和中华民族先锋队的党的成员，都无法掌握科学社会主义，无法掌握辩证唯物主义，无法真正陈述人民民主的概念，那么我们又如何证明社会主义制度的优越性呢？我们又如何劝说其他国家的人民加入我们建设人类命运共同体的队伍呢？或者说，有没有一些人是迫于权威或者懒于思考而假装相信，一旦情况有变，这些伪装成"布尔什维克"的实际上的马赫主义者们就会蠢蠢欲动，成为机会主义的墙头草，正如列宁在100年前预见到的那样，正如"牢不可破的联盟"在30年前经历的那样。加强党的建设，加强理论学习——不是教条的背诵式学习，而是真正的学习，这件事和百年前对马赫主义的论战一样，都是迫切的和不可避免的。

而以上所述，也仅仅是原则问题的一小部分。如果再多写一点，恐怕读者要感到不耐烦了。那就让我们用伊林柯夫的话来结束这个冗长序言的引申部分，他在本书——《列宁主义辩证法和经验主义形而上学》的最后几段这样说，我想他的话也非常适合当今中国的处境，这其实令我感到欣喜和骄傲。他说："在我国……大量的科学家已经成为列宁主义辩证法的自觉盟友，尽管经验主义的思想家试图阻止这种联盟。这样的联盟是不可战胜的，而哲学家的责任就是不断扩大和加强这个联盟。"他还说："列宁的思想是活的，就像对自然和社会的科学认知一样，就像国际共产主义运动一样，将永远存活下去，使科学社会主义在全世界得以实现。"

我们都真诚地相信这一点。

孔令恺，罗托
2023 年 7 月于土耳其伊斯坦布尔，中国大连

人名对照

因本书涉及人物众多，且部分人名为化名或者简称，为方面读者理解和查阅，这里附上人名的中-英-俄语对照表。众所周知的人名如马克思、恩格斯并未列出。除"克里姆·萨姆金"是高尔基笔下的虚构角色之外，其余皆为历史上真实存在的人物。书中提到的小说《红星》中的虚构人物如列尼，内蒂等均未列在该表中。

表格分为四栏，具体解释如下：

I.第一栏为文中提到的中文名简称，按拼音首字母排序。

II.第二栏为中文全名，根据人物所在国语言译成。

III.第三栏为人物原名全称，以英语和人物所在国语言拼写为准。

IV.第四栏为人物俄语名，适用于以下情况：1）人物母语为俄语；2）人物国籍或主要活动地点为苏联或俄语国家/地区；3）人物所在国曾属社会主义阵营并拥有俄语名

中文简称	中文全名	对应英语/德语/原语言	对应俄语
阿芬那留斯	理查德·路德维希·海因里希·阿	Richard Ludwig Heinrich Avenarius	

	芬那留斯		
巴扎罗夫	弗拉基米尔·亚历山德罗维奇·巴扎罗夫	Vladimir Alexandrovich Bazarov	Влади́мир Алекса́ндрович База́ров
彼得罗维奇	加约·彼得罗维奇	Gajo Petrović	Гайо Петрович
波格丹诺夫	亚历山大·亚历山德罗维奇·波格丹诺夫	Alexander Aleksandrovich Bogdanov	Алекса́ндр Алекса́ндрович Богда́нов
伯恩斯坦	爱德华·伯恩斯坦	Eduard Bernstein	
贝克莱	乔治·贝克莱	George Berkeley	
伯尔曼	雅科夫·亚历山德罗维奇·伯尔曼	Jakov Alexandrovich Berman	Я́ков Алекса́ндрович Берман
波克罗夫斯基	米哈伊尔·尼古拉耶维奇·波克罗夫斯基	Mikhail Nikolayevich Pokrovsky	Михаи́л Никола́евич Покро́вский
布尔加科夫	谢尔盖·尼古拉耶维奇·布尔加科夫	Serger Nikolaevic Bulgakov	Серге́й Никола́евич Булга́ков
德波林	亚伯拉罕·莫伊塞维奇·德波林	Abram Moiseyevich Deborin	Абра́м Моисе́евич Дебо́рин
高尔基	阿列克谢·马克西莫维奇·彼什科夫(马克西姆·高尔基)	Alexei Maximovich Peshkov (Maxim Gorky)	Алексей Максимович Пешков (Макси́м Го́рький)
古奇科	亚历山	Alexander Ivanovich	Алекса́ндр

夫	大·伊万诺维奇·古奇科夫	Guchkov	Ива́нович Гучко́в
赫尔丰	亚历山大·里沃维奇·帕尔乌斯 (赫尔丰)	Alexander Lvovich Parvus (Helphond/Helphand)	Алекса́ндр Льво́вич Па́рвус
霍尔巴赫男爵	保罗-亨利·蒂里, 德·霍尔巴赫男爵	Baron Holbach	
加洛蒂	罗杰·加洛蒂	Roger Garaudy	
考茨基	卡尔·约翰·考茨基	Karl Johann Kautsky	
克拉夫特	维克多·克拉夫特	Victor Kraft	
克伦斯基	亚历山大·费奥多罗维奇·克伦斯基	Alexander Fyodorovich Kerensky	Алекса́ндр Фёдорович Ке́ренский
克鲁普斯卡娅	娜杰达·康斯坦丁诺夫娜·克鲁普斯卡娅	Nadezhda Konstantinovna Krupskaya	Надежда Константиновна Крупская
莱伊	阿贝尔·莱伊	Abel Rey	
柳比莫夫	A. I. 柳比莫夫	A. I. Lyubimov	А. И. Любимов,
卢那察尔斯基/瓦西里耶维奇	阿纳托利·瓦西里耶维奇·卢纳恰尔斯基	Anatoly Vasilyevich Lunacharsky	Анато́лий Васи́льевич Лунача́рский
伦尼克	弗里德里希·威廉莫维奇·伦尼克	Friedrich Wilhelmovich Lengnik	Фридрих Вильгельмович Ленгник
马赫	恩斯特·马赫	Ernst Mach	

梅林	弗朗茨·埃德曼·梅林	Franz Erdmann Mehring	
米留科夫	帕维尔·尼古拉耶维奇·米留科夫	Pavel Nikolayevich Milyukov	Па́вел Никола́евич Милюко́в
皮亚杰	让·威廉·弗里茨·皮亚杰	Jean William Fritz Piaget	
普列汉诺夫	格奥尔基·瓦伦廷诺维奇·普列汉诺夫	Georgi Valentinovich Plekhanov	Гео́ргий Валенти́нович Плеха́нов
萨姆金	克里姆·萨姆金	Klim Samgin	Клима Самгина
舒利亚蒂科夫	弗拉基米尔·米哈伊洛维奇·舒利亚蒂科夫	Vladimir Mikhailovich Shulyatikov	Влади́мир Миха́йлович Шуля́тиков
苏沃洛夫	谢尔盖·亚历山德洛维奇·苏沃洛夫	Sergei Alexandrovich Suvorov	Серге́й Алекса́ндрович Суво́ров
瓦伦蒂诺夫	尼古拉·弗拉迪斯拉沃维奇·瓦伦蒂诺夫	Nikolai Vladislavovich Valentinov	Никола́й Владисла́вович Валенти́нов
伊诺肯蒂	约瑟夫·费奥多罗维奇·杜布罗文斯基(伊诺肯蒂)	Iosif Fyodorovich Dubrovinsky(Innokenty)	Ио́сиф Фёдорович Дубро́винский (Иннокентий)
尤什凯维奇	帕维尔·所罗门诺维奇·尤什凯维奇	Pavel Solomonovich Yushkevich	Павел Соломо́нович Юшке́вич

[本页留空]
[This page intentionally left blank.]

列宁主义辩证法和经验主义形而上学

Ленинская диалектика и метафизика позитивизма |

Leninist Dialectics and the Metaphysics of Positivism

[本页留空]
[This page intentionally left blank.]

引言

自弗拉基米尔·伊里奇·列宁的《唯物主义和经验批判主义》一书出版以来的七十年间，意识形态斗争的激烈程度和它对人们命运的重要性都没有降低。和本世纪初一样，人们党同伐异，相互攻伐。尽管名称有所不同，斗争的战略和战术也变得更加精细，但其本质仍然是一样的。问题仍然像列宁在 1908 年提出的那样：要么坚持辩证唯物主义，要么在理论上无助地徘徊而最终导致悲剧。从看似抽象的领域开始，这些徘徊迟早会在这个罪恶的地球上酿成恶果。

"你是否承认马克思主义的哲学是辩证唯物主义？"[1]1908 年 5 月的一天，列宁强调着最后两个关键字，固执地要求波格丹诺夫给出一个答案。

不是单纯的唯物主义，也不是单纯的辩证法，因为没有辩证法的唯物主义如今仍然只是一厢情愿。事实证明，它与其说是杀手，不如说是被杀者；而没有唯物主义的辩证法不可避免地变成了纯粹的诡辩术，把普遍接受的词语、术语、概念和论断翻出来，变成了一种用言语歪曲想法的手段。而只有唯物辩证法（辩证唯物主义），只有辩证法与唯物主义的有机统一，才能使人的认识具有构建周围客

---

[1] 《列宁选集》第 14 卷，第 15 页。本文出现的不带"【】"的脚注均为英译本标注。带"【】"的脚注为中译本译者罗托标注。

观世界真实形象的手段，才具有按照世界自身发展的客观趋势和规律重建世界的能力。

这里包含了列宁在他的书中不断发展的关键哲学思想。

《唯物主义和经验批判主义》一书对我们这个世纪的思想史的意义远不止于此，它结束了"一种反动哲学"及其对"当代自然科学的哲学"和"当代科学"的自命不凡。更重要的是，在与它论战的过程中，列宁清楚地勾勒出他自己对人类生活各个领域的宏大事件在哲学面前的积极理解。在经济、政治、科学、技术和艺术方面，他清楚而明确地提出了解决这些问题的基本原则和逻辑：必须坚持辩证唯物主义。列宁的这一高度论战性的作品的内容和意义经常被过于狭隘和片面地解释，从而产生谬误。这种错误解释不仅来自革命的马克思主义的公开敌人，还来自它的"朋友"。

因此，法国修正主义哲学家罗杰·加洛蒂[2]（他既不是唯一的一个，也不是第一个）在他的小册子《列宁》中居高临下地提出《唯物主义和经验批判主义》在介绍一般唯物主义的基本原理方面的作用，但他所描述的，既不是马克思主义唯物主义的特点，也不和辩证法有任何关系。他说，这仅仅是"幼儿园水平的唯物主义"。他还说，列宁是在写

---

[2]【罗杰·加洛蒂，法国理论家、艺术批评家。早年信仰基督教，1933年加入法共，1970年因反对苏联进入捷克及政见不合等原因被开除出党。他的小册子《列宁》正与此年发表。】

《哲学笔记》时，才开始对辩证法感兴趣的。另一位哲学修正主义的代表——《实践》杂志的加约·彼得罗维奇[3]也声称这一点，他说，正是对黑格尔作品的研究迫使列宁对唯物主义、唯心主义和辩证法进行了实质性的修正，让他不得不限制反思性的活动（他就是这样解释列宁的这句话："人的意识不仅反映客观世界，而且还创造世界"），等等。这些解释在列宁对唯物主义和对辩证法的理解方面，都犯下了不可饶恕的错误。

从本质上讲，这种对列宁立场的错误解释也是本书进行驳斥和论证的基础，根据这种论述，《唯物主义和经验批判主义》中阐述的定义只有在与主观唯心主义论证的特殊条件下才是合理的。它们超出了论证范围，被认为是不充分的、不完整的和不正确的。人们经常试图得出深刻的结论，认为需要通过所谓的"本体论角度"来"扩大"或"补充"列宁对物质的定义和他唯物主义的哲学概念，因为后者被假定为狭义的认识论。

---

[3] 【南斯拉夫"实践派"的代表人物之一。1927 年出生于克罗地亚的卡尔洛瓦茨。1945 年开始在萨格勒布大学攻读哲学。1946—1948 年以交换生的身份在莫斯科和列宁格勒学习，在此期间认识到斯大林主义的危害。1950 年开始在萨格勒布大学哲学系任教直至退休，1956 年在该校获得博士学位。1963 年—1965 年将马克思的《1857—1858 年经济学手稿》的部分章节译成塞尔维亚—克罗地亚语。先后担任克罗地亚哲学学会主席和南斯拉夫哲学联合会主席。1968 年因支持学生的抗议活动而被开除出党。1973 年当选为巴黎国际哲学研究所成员。1993 年在萨格勒布病逝。】

这些错误的解释都导向共同的结果：把《唯物主义和经验批判主义》这本关于辩证唯物主义哲学的经典著作（它以一般形式阐明了这门科学的主要框架和问题）描绘成一本只致力于解决"问题的一个方面"、只致力于"认识论"、只致力于在所谓狭窄的问题圈子里打转的书（这些问题是在与主观唯心主义的一个小流派进行论战的特定条件下推给列宁的）。以这样的方式来解释，《唯物主义和经验批判主义》就被剥夺了它在这一特殊论证范围之外的普遍哲学意义，它的价值就被掩盖了。事实上，这本书彻底地揭露了每一种唯心主义的真面目，而不仅仅是主观唯心主义。

所有的这一切都迫使我们再次回到对列宁与经验主义批评家的论战分析上，以便更好地理解论战背后的原因，从而理解它的本质，和对随后的俄国和国际社会民主主义思想，以及理论斗争史的意义。只有在这样一个广阔的背景下，书中所涉及的"哲学的微妙问题"才会被弄清。

让我们首先回顾一下几个众所周知的历史事实。

让我们打开这本 1908 年出版的书：

"一场伟大的革命正在席卷我们的国家。目前的斗争让大量的劳工成为受难者。真正的公民，那些希望构建伟大民族的人，都在为这场斗争投入他们的全部思想和意志力。

"无产阶级正走在革命的前列，他们的党对这场斗争的进程和结果负有最大的历史责任。

"在这样一个时代，每一个致力于无产阶级事业的人，或者即使只是致力于一般革命事业的人，难道不应该坚决地对自己说：'现在不是学哲学的时候！'难道不应该把哲学书束之高阁吗？

"这种对哲学的轻视态度已经很普遍了。在特定的情况下，这也许有道理：但这并不能掩盖该论述的荒谬性......"

这些事件的参与者和目击者，为列宁与马赫主义的论战提供了条件。这些话是出自作者亚历山大·波格丹诺夫的真情实意。没错，就是那个我们熟知的波格丹诺夫！这段话来自他为恩斯特·马赫的《感觉的分析》一书的俄文版撰写的引言。没错，就是那个我们熟知的恩斯特·马赫！他的这本书后来成为了马赫主义的圣经，也被《唯物主义和经验批判主义》的作者——列宁，称为反动哲学的源头(亚历山大·波格丹诺夫的这篇文章被翻译成德文，以《恩斯特·马赫和革命》为题发表在 1908 年 2 月 14 日的《Die Neue Zeit（新时代）》杂志第 20 期上，纪念恩斯特·马赫在 1908 年 2 月 18 日的 70 岁生日）。

　　我们几乎引用了这本书一整页的内容，书的封面上写着："恩斯特·马赫。感觉分析和物理与心理的关系。——G. Kotlyar 的授权翻译版本，来自扩展的德文第五版，附有作者为俄文译本撰写的前言和波格丹诺夫的引言。版本：第二版。出版商：S. Skirmunt。1908 年出版于莫斯科。"

　　书的这个版本，竟被这个人推出：他曾经是列宁的战友，是反对以普列汉诺夫为首的孟什维克机会主义的斗士之一……不管怎么解释，这样的矛盾都是令人难以置信的，昔日列宁的战友竟然误入歧途。

　　让我们更详细地研究一下这些矛盾的本质；让我们试着理解为什么布尔什维克"伊林[4]"会如此尖锐地、不可调和地反对布尔什维克"波格丹诺夫"（他的真名是亚历山大·亚历山德罗维奇·马利诺夫斯基）。此前他还公开宣称，在哲学领域支持普列汉诺夫——这个公认的孟什维克领导人。

　　为什么他宣布，哲学领域的界线与直接政治问题、革命斗争的战略战术问题并不相同，尽管它们之间存在一种非常深刻的，不可忽视的联系。

　　一旦他认定有必要在报刊上尖锐地、明确地、紧急地反对马赫主义，列宁就深刻地理解了他被迫卷入的这场"哲

---

[4]【伊林 VI Ilyin，是列宁的笔名之一。】

学论争"的复杂性。情况并不简单，这不仅仅是发生在文字表面上的斗争。

普列汉诺夫被认为是不仅在俄国，而且在整个国际社会民主队伍中为数不多的马克思主义者之一，他坚定地站出来反对哲学修正主义。他向读者表明，一般的马赫主义，特别是以波格丹诺夫和卢那察尔斯基为主要代表的俄国马赫主义，只不过是经过翻新用术语伪装的古老哲学，而这种哲学在 18 世纪初还是一种新鲜事物——乔治·贝克莱[5]主教和"怀疑论-自由思想家"大卫·休谟的观点体系，是主观唯心主义的典型代表。普列汉诺夫巧妙地讽刺了马赫主义的自命不凡，因为他们声称代表了最现代的科学哲学，代表了正在为社会主义斗争而崛起的无产阶级哲学。

在这种情况下，波格丹诺夫和卢那察尔斯基作为普列汉诺夫的最杰出的反对者站了出来，给读者留下这样一种印象：他们的哲学就是"布尔什维主义的哲学"。当然，普列汉诺夫也没有放过强化这种印象的机会，他试图把布尔什维主义描述为：其来源不是马克思和恩格斯的辩证唯物主义，而是马赫、波格丹诺夫和卢那察尔斯基的混沌哲学。

1908 年初，列宁已经明白，不能再保持沉默了。在哲学领域的进一步沉默只会让孟什维克的革命路线得利，更

---

[5]【乔治·贝克莱，十八世纪的哲学家、近代经验主义的重要代表之一，主观唯心主义的开创者。】

何况由于革命浪潮的消退、反动政治和意识形态的出现，以及对革命民主地解决危机的希望破灭，党内（以及整个国家）的反动力量已经开始蠢蠢欲动了。

有必要不仅向党，而且向国家和整个国际工人运动鲜明地、毫不含糊地宣布：只有布尔什维主义才能作为革命的战略路线，才真正以马克思和恩格斯的哲学作为其理论基础。布尔什维主义是马克思主义创始人事业的直接延续，因此，无论是在政治和政治经济学领域，还是在哲学领域，都要坚持布尔什维主义，而不是普列汉诺夫的理论。尤其是在哲学领域，因为哲学就像种子，隐藏着未来立场和分歧的轮廓，尽管此时还看不清楚。哲学不仅涉及今天的、已经成形的、最激动人心的问题，而且涉及未来的、初现端倪的、持久的问题。

这项任务的难度是难以想象的。不仅要彻底揭露马赫主义、波格丹诺夫主义对马克思和恩格斯哲学观点的修正（普列汉诺夫已经部分地做到了这一点），而且要在这种修正的基础上对这些观点进行明确和完整的阐述，并表明这些基本问题真正的马克思主义解决办法。这些问题是如此难以解决，以至于在尝试解决的过程中，波格丹诺夫、卢那察尔斯基和巴扎罗夫[6]都偏离轨道而落入唯心主义。这

---

6 【弗拉基米尔·亚历山德罗维奇·巴扎罗夫，马克思主义者，经济学家，与波格丹诺夫为密友。1896 年加入俄国社会民主工党，1904 年加入布尔什维克，1908 年 5 月高尔基调解实证主义者与列宁的矛盾失败后

些有才华的理论家甚至能够把马克西姆·高尔基这样的艺术家拖入深渊……

为了完成这项任务，列宁不得不翻阅堆积如山的文献，专门研究他以前没有研究过的问题，最重要的是翻阅关于"现代物理学"的文献，[7]马赫主义者从这些文献中提取所谓"现代哲学"的论据。而列宁在很短的时间内——从 1908 年 2 月到 10 月——就完成了这项艰巨的任务。不应忽视的是，在写《唯物主义和经验批判主义》的同时，列宁还写了《马克思主义和修正主义》、《对俄国革命的评价》、《19 世纪末俄国的土地问题》、《社会民主工党在俄国革命中的土地纲领》和《作为俄国革命镜子的列夫·托尔斯泰》，更不用说履行他作为俄国社会民主工党布尔什维克派的理论家和领导人职责。

这只有一种解释，那就是：列宁不仅在这几个月里，而且在之前的生活中一直在构思。在他真正提笔写书之前，

开始疏离布尔什维克，当仍然作为一个马克思主义者工作。二月革命后他在彼得格勒苏维埃的经济部门工作，但于同年夏季退出布尔什维克，并参与创立俄国社会民主工党（国际主义者），对十月革命和布列斯特和约持负面态度。1921 年起他为国家计划委员会工作，直至 1930 年因"孟什维克联盟局"案被捕。1935 年回到莫斯科后主要从事翻译工作，1939 年因肺炎去世。】

[7]【真是有一种时空的错位感。列宁这时候的现代物理学大概是基于拉普拉斯妖、麦克斯韦方程、麦克斯韦妖这些有关我们现在说的量子力学相关的东西吧。有人觉得量子力学很现代，而马克思列宁主义更古早。但列宁时代就已经出现了这些所谓现代的物理学了。】

他早已经受了痛苦的思考。根据克鲁普斯卡娅的回忆录，他在舒申斯科耶度过了漫长的冬季，在那里他学习了世界哲学经典，包括黑格尔和他的《精神现象学》。在与普列汉诺夫的长期交谈中，在与伦尼克[8]和波格丹诺夫的通信过程中，列宁的信件（可惜已经丢失）逐渐发展为"一整部长篇哲学论文"，写满了"三个笔记本"……最后，1908 年 4 月与波格丹诺夫在卡普里岛的最后一次会面，再次使他确信，必须对马赫主义进行公开的、最后的和决定性的斗争，这项工作是如此的迫切，而且无法避免。

更重要的是，马赫主义对党和革命的损害之大，让列宁最终被党的队伍中日渐蔓延的所谓实证主义的宣传感到愤怒。列宁明白，进攻是最好的防守，于是他向马赫主义宣战。

马克西姆·高尔基试图使列宁与波格丹诺夫和解，并说服他来到卡普里岛。列宁来到这里，与波格丹诺夫一边下棋，一边争论。最后以更加严厉的态度离开，他们并没有

---

8 【弗里德里希·威廉莫维奇·伦尼克，1893 年加入社会民主运动，1896 年被捕后流放至西伯利亚。1902 年，他在缺席的情况下被选为全俄社会民主工党组织委员会委员。在 1903 年 10 月，他参加了"俄国社会民主主义者国外联合会"的第二次代表大会。在孟什维克拒绝接受该联盟提出的章程后，他代表中央委员会宣布代表大会的后续会议是非法的，并与布尔什维克代表团一起离开了代表大会。1905 年革命期间他先后在南俄、莫斯科和圣彼得堡为党工作。十月革命后，他在人民工业委员部、最高国民经济委员会和外贸人民委员部工作，参加了联共（布）12、13、14、15 大，并当选为中央委员。】

和解。高尔基伤心地摊开双手，他无法理解这种争吵，特别是列宁不可调和的强硬态度。

这真的只是因为几个哲学术语吗？"实在"、"物质"、"元素的复合体"……先生们和同志们，你们是怎么了？难道真的可以因为这个而断绝友谊吗？至于求助于上帝的行为……毕竟，阿纳托利·瓦西里耶维奇很难说是在构建旧神，对吧？当然，他对它的理解与本尼迪克特·斯宾诺莎一样——只是一个词而已。他并不是用这个词来命名教会的权威。他是在寻求和建立一种新的人类的道德理想，他想用高尚的道德价值来美化革命，使其避免不必要的愚蠢和暴行……而这些术语——如上帝，对我们的俄国农民和无产者来说，更明确、更接近……你不能指望他们去读斯宾诺莎。后者当然也是有用的，但只有在无产者有能力和闲暇时才会去阅读！弗拉基米尔·伊里奇，你试图和解的行为是徒劳的，这种方式并不合适……

事实上，列宁离开卡普里时，坚定了以自己的方式和这个集团彻底决裂的决心。因为他清楚地知道，把时间浪费在与这些"思想家"的无用谈话上是愚蠢的，白白耗费自己的精力。够了，够了！用笔争论不休的时间已经过去。现在没有什么比过度软弱更有害的了!战斗是不可避免的。这场战斗将以对那些没有"进行调查研究"的人的教育而迅速结束。

"要怎么和解呢，我亲爱的阿列克谢·马克西米奇？算了吧，任何对和解的暗示都是可笑的。战斗是不可避免的……

"的确，这是一个悲剧，如果连你这样伟大的艺术家和聪明人，都还不明白他们为何会堕入沼泽，拖着其他人跟他们一起——所有这些造神者、经验主义批评家、经验主义一元论者和经验符号论者！这难道真的如此难以理解吗？在他们整个华丽的辞藻之后，其实站着国际小资产阶级'情结'的可怕身影。这种'情结'是由外部自然和阶级压迫而产生的吗？不管用什么美好的词语来描述，无论是过去还是现在，它都是最无法形容的卑鄙，最庸俗的意识形态，最不可理喻的低俗。这难道还不清楚吗？"

"如果你还想说服我与宣扬这种东西的人合作，我宁愿去死……"1906 年夏天，列宁研究了波格丹诺夫的《经验一元论》，并陷入了极大的愤怒中。他试图控制自己的愤怒，以口头和书面形式友好地向波格丹诺夫询问：他朴素的"经验主义"的逻辑何在、它如何使他偏离革命的马克思主义的正道。但这是徒劳的。顽固的亚历山大·亚历山德罗维奇[9]咬牙切齿地假装接受。然后，一个接一个地，又出现了《马

---

9 【指波格丹诺夫。波格丹诺夫全名亚历山大·亚历山德罗维奇·波格丹诺夫。】

克思主义哲学研究》、伯尔曼[10]和舒利亚蒂科夫[11]可笑的小册子、波格丹诺夫关于马赫的文章，天呐，鬼知道接下来还有什么……

当他逐条阅读《研究报告》时，用列宁自己的话说，"当场勃然大怒"。这些并不是无伤大雅的娱乐文学，它们要糟糕得多，糟糕得多……现在他们在卡普里组织了整个文化阵地，公开宣称要成为整个革命的社会民主工党的大脑和核心，还宣称要成为布尔什维克的哲学和理论总参谋部！

这是列宁在 1908 年 2 月 25 日、3 月 16 日、4 月 16 日和 19 日给高尔基的信件，以及 1909 年 9 月给柳比莫夫[12]的信件共同表达的意思[13]。

而这正是每一个有思想的革命马克思主义者的首要任务，即理解这些深刻的、本质上仍不清楚的、亟需完成的转变。这些转变已经发生，并且正继续发生在这片土地的社会结构中，发生在阶级分化的矛盾关系中，发生在基本

---

[10] 【伯尔曼，1900 年加入俄国社会民主工党，1905 年 11 月到 1906 年 3 月为孟什维克军事组织工作。1907 开始与布尔什维克一起工作。十月革命后加入布尔什维克党。】

[11] 【舒利亚蒂科夫，俄国文学评论家、翻译家。1896 年起参加社会民主主义运动。1903 年加入布尔什维克。1912 年因胃癌在莫斯科逝世。】

[12] 【柳比莫夫，社会民主党人。1898 年加入革命运动。1904 年被选为俄国社会民主工党第三次代表大会代表。他在俄国社会民主工党二大及以后长期对孟什维克抱有和解态度。】

[13] 《列宁选集》第 34 卷，第 387、393、394、401-402 页。

社会力量和代表其利益的政党之间，这是 1905 年至 1907 年
悲剧的结果。恰恰在那时，整个国家都在痛苦地试图了解
究竟发生了什么，为什么期待已久的革命会在血海中窒息，
为什么它无法粉碎愚蠢腐朽的罗曼诺夫-杜巴索夫[14]君主制。
为什么君主制被证明比这个国家数以百万的民主力量更强
大？事实上，在决定党接下来必须做什么之前，有必要彻
底分析已经发生的事件，从失败的战斗中吸取教训，作出
明确的马克思主义诊断，考虑当前情况的复杂性和阶级力
量的对比，帮助革命力量克服所有的政治幻想、偏见和乌
托邦式的妄想。因为这些都对革命事业造成了巨大的伤害，
让革命者在言论和行动上产生不一致。

　　1908 年 4 月，列宁试图在卡普里岛向波格丹诺夫、卢
那察尔斯基和他们的朋友解释这一点。大约一年后，列宁
回忆说（在 1909 年 8 月 30 日给卡普里党校学生的信中）：
"……当时我建议他们共同来编写布尔什维克革命史，而不
是孟什维克-取消派的革命史，但他们拒绝了我的建议，因
为他们并不想宣传布尔什维克事务，而是宣传自己的特殊
哲学观点……。"[15]

---

[14] 【罗曼诺夫指罗曼诺夫王朝。杜巴索夫指费奥多尔·瓦西里耶维
奇·杜巴索夫，他在 1905 年以海军上将和莫斯科总督的身份严酷地镇
压了革命。】
[15] 《列宁选集》第 15 卷，第 474 页。

当然，重点不在于这种哲学使一群有才华的作家从最重要的事情上转移了注意力。在这个困难时期，有很多人半途而废，不仅放弃了布尔什维主义，甚至放弃了整个革命。对于这类人，最明智的做法是挥手把他们忘掉。[16]

这里的情况有所不同。列宁清楚地认识到，波格丹诺夫、巴扎罗夫、卢那察尔斯基、苏沃洛夫[17]和他们的同道者如此坚定和积极地试图强加给党的那些"特殊的哲学观点"，正在腐化那些相信他们的人，让后者无法适任更重要的"布尔什维主义的共同事务"，无法适任对失败的革命进行总结和反思。讨论的重点不是无关紧要的词句细节，也不是个人的路线分歧，而是涉及马克思主义认知最深刻的基本原理，是关于客观实在的分析逻辑。

---

[16] 【低潮时期低潮的人。顺便提一下托洛茨基。托洛茨基这个人确实是很有意思，他搞区联派时候拉上了取消派和召回派这两伙人。这个老近卫军中唯一的局外人，布尔什维克实际上的二号人物，一直到革命最危急存亡的内战关头，才放弃了区联派领导人的身份自居，并成为了布尔什维克的救火队员-外交人民委员会主席、革命军事委员会主席。】

[17] 【谢尔盖·亚历山德罗维奇·苏沃洛夫，哲学家、作家、统计学家。19世纪90年代中期参与革命运动，1900年加入俄国社会民主工党。他是卢那察尔斯基的密友，并在卢那察尔斯基的婚礼中担任伴郎。他参与了1905年革命，并参加了俄国社会民主工党4大、5大。1908年7月起在雅罗斯拉夫尔省的自治委员会和统计部门工作，1910年退出党内工作。二月革命后他加入了孟什维克国际主义派，1918年被选雅罗斯拉夫尔市长，并在随后的白卫军雅罗斯拉夫尔叛乱中被红军处决。】

"由于我对的哲学狂热激情，我正在放弃报纸：今天阅读一个经验主义批评家的粗俗的书籍，明天又见到另一个下流肮脏的语言。伊诺肯蒂[18]责备我，说我忽视了《无产阶级》。事情已经不正常了，但它原本不能是这样的……[19]我完全相信，他们的书从头到尾，从枝叶到根基，从马赫到阿芬那留斯，都是可笑的、有害的、唯利是图的、牧师式的、教条的。随着我对巴扎罗夫、波格丹诺夫等人的所谓智慧来源越来越熟悉，我一天比一天更相信这一点。普列汉诺夫在本质上反对他们是完全正确的，只是他没有能力，或者他不想，或者他太懒，以至于不能具体地、详细地、简洁地说出这一点。至少普列汉诺夫没有多此一举地用哲学上的微妙问题吓唬公众。无论发生什么，我都想用我自己的方式说出这些话。"[20]

从卡普里岛回来后，列宁就一头扎进了哲学，把其他一切都推到一边，不管它们看起来有多重要。"我一连几天

---

[18] 【伊诺肯蒂，即约瑟夫·费奥多罗维奇·杜布罗文斯基。1895 年时加入由刺杀过压力山大二世的民粹主义者的圈子，1897 年开始加入工人运动。1903 年加入布尔什维克并被选为中央委员会委员。1905 年革命期间被捕，1907 年获释后参加俄国社会民主工党五大，并被选为中央委员会委员。在 1910 年俄国社会民主工党中央委员会全体会议他坚持与孟什维克和解的态度。同年 6 月被双面间谍马林诺夫斯基出卖被捕，并被判流放四年。1913 年 5 月在叶尼塞河溺水身亡，尸体于一个月后被发现。】
[19] 《列宁选集》第 34 卷，第 387 页。
[20] 《列宁选集》第 34 卷，第 388 页。

都在读这些可恶的马赫主义。我前所未有地忽视了我的报纸，并匆忙地为报纸写文章。"

这种"哲学狂热"引起了许多人的困惑，尤其是在列宁最亲密的圈子中。后来，列宁去世后，波克罗夫斯基回忆说。

"当伊里奇和波格丹诺夫关于经验主义问题的争论开始时，我们举起了手……那是个关键时刻。革命正在消退，一些政策正在急剧变化。伊里奇把自己埋在国家图书馆里，一连几天坐在那里，写了一本哲学书……一切都结束后，事实证明伊里奇是对的。"[21]

他为什么被证明是正确的；不仅波格丹诺夫、卢那察尔斯基和巴扎罗夫，而且当时以考茨基为首的社会民主工党所有公认的理论家都不理解。他们为什么不理解（只有普列汉诺夫部分理解）——这就是我们要努力研究的，同时尽量不要用"哲学上的微妙问题"来吓唬读者。当主要的、决定性的概念被明确时，细微之处就会变得清晰。

这种神秘的经验主义（马赫主义、经验批判主义、最近的经验主义等等，它有很多名字）是什么，以至于它让列宁如此愤怒？

---

[21] 《在马克思主义的旗帜下》，1924 年，第 2 期，第 69 页。《列宁选集》第 34 卷，第 391 页。

伊林科夫

争论的内容到底是什么？

一、马克思主义的对立面，死气沉沉的反动哲学——马赫主义

如果我们从这种过于简单的概念出发，认为列宁只是在为各种类型的唯物主义的普遍真理辩护：根据这一论点，在我们的头脑、心灵和意识之外，存在着一个由自然和社会历史事件以及在哲学语言中被称为物质的一切——太阳、星星、山脉、河流、城市、工厂、雕像、桌子、椅子等等——组成的真实世界，那么，以列宁和普列汉诺夫为一方，以波格丹诺夫、卢那察尔斯基、尤什凯维奇[22]和其他马赫分子为另一方，他们之间分歧的尖锐程度，确实会令人感到困惑。

在我们的头脑之外，存在着一个由感知到的事物组成的真实世界，这是由我们看到、触摸到、听到和闻到的物体和现象组成的真实世界，它们联系起来构成一个巨大的整体——这真的需要特别的证明吗？每一个处于清醒状态的人不正是这样想的吗？难道他不明白，他的个体"我"及其意识诞生于某个时刻，并且迟早会消失；而地球和太阳、城市和村庄、生活在太阳下的子孙将继续存在，尽管他们

---

[22] 【尤什凯维奇，苏联哲学家、翻译家。1903 年加入孟什维克，1908 年发表了一系列马克思主义哲学与马赫主义的论文。1920 年退出政治活动。1922 年起在莫斯科马克思列宁主义研究所工作并参与了恩格斯《自然辩证法》的翻译工作。】

也将在自己的时代结束后，让位于其他太阳和星星，让位于其他人或类似人的生命。难道不是这样吗？

难道波格丹诺夫真的不懂这个吗？难道物理学教授恩斯特·马赫也不明白这一点？他的名字出现在物理定律中，已经成为一个速度单位，每个飞行员都知道他。如果是这样的话，那么列宁与马赫派的整个论战确实可以说是在空耗时间和精力。

但是，只有那些对论战的本质调查不深的天真之人，才会认为列宁的书中，这些论述、判断、辩护都是不言而喻的，认为这些事人人都清楚，甚至没有受过教育的人也都清楚。现在的评论家如加洛蒂和彼得罗维奇正是这样对待这本书的，在列宁时代，不仅有波克罗夫斯基所描述的那些人，而且还有普遍公认的社会民主工党的理论领袖，即马克思和恩格斯的理论遗产的官方守护者。考茨基一般不认为哲学论证有任何严肃的意义，因此他的杂志上毫无保留地发表各种实证主义者和经验主义批评家的文章。普列汉诺夫对波格丹诺夫、卢那察尔斯基和他们追随者在哲学方面所暴露出来的幼稚进行了精彩的评论，他甚至在一系列出色的小册子中揭露了他们在这一领域假装创新的可笑之处，然而他根本没有看到马赫主义对马克思主义哲学基础带来的修正主义的危险，以及滋养这种修正主义的社会根基。

在他眼里，所有这些"认识论上的自娱自乐"仍然是马克思主义世界观外围的和次要的怪癖，是那些在哲学上只受过一点点教育的人幼稚和胡言乱语的结果。因此，这种居高临下的讽刺语气——一个公认的大师在与幼儿园学生争论时表现出的尴尬语气——经常出现在他的小册子中。他与那些无法区分贝克莱和恩格斯，马克思和阿芬那留斯的人争论。在纯粹的理论层面，这些糊涂虫除了"A、B、C、D、E、F、G……现在我们学习的ABC……"之外，什么也不懂，也不值得对他们作出任何评论。这就是普列汉诺夫与他们论战的情景。

列宁不仅从这个角度，还从另一个"普列汉诺夫没有注意的角度"分析问题：他看到了革命马克思主义哲学基础的实证主义修正，不仅仅是对俄国，还有对整个的世界革命带来的危险。

辩证唯物主义哲学、唯物辩证法、整个马克思主义世界观的发展逻辑、《资本论》赖以成书的认识逻辑，以及最后基于《资本论》的国际工人阶级革命运动的政治斗争战略，就是这种修正主义所针对的。因此，讨论根本不是关于抽象的"认识论研究"，而是关于"看问题的角度"。本质上，它取决于马克思主义世界观的所有"角度"，所有发展方向和路径。而这样一个"看问题的角度"，用哲学语言来说，被称为问题的本质。

历史很快把列宁在理论上的远见卓识展示给了所有人，但最重要的是展示给了俄国的革命工人，或者更准确地说，展示给了构成了布尔什维克党的核心的最自觉和最先进的代表。列宁为这些代表书写了这样的宏伟著作。其次，它被展示给俄罗斯（以及全世界）所有的真正先进的科技知识分子代表，要知道，实证主义唯心主义正是为了影响这些人而特意设计的(我觉得如果把设计换成准备会好一些)。("设计"并不意味着有一个有意识的恶意，也不意味着不怀好意的"算计"。对于宗教或迷信，客观上，不管穿着袍子的牧师的意图是好是坏，过去、现在和将来都是"人民的鸦片"。那么 20 世纪的实证主义，不管它是自称"初级的"、"次级的"还是"逻辑的"，不管它在自己的名字前加上"新"或其他什么词汇，不管它如何改变自己的名字，它仍然是唯心主义，归根结底将导向跟宗教相同的道路）。

讨论集中在极其重要的事情上：集中在对马赫和波格丹诺夫的直接或间接弟子、这种哲学的自愿或不自愿的追随者所造成的损害上。这些人没有吸收最重要的东西：作为科学认知逻辑的唯物主义辩证法。因此，他们没有掌握以科学方式思考当代现实的能力，他们无法以科学的方式，在 20 世纪真正的科学水平上解决我们这个世纪的难题。

这就是列宁书中的主要议题。当然，书中仍有一些"ABC"。因为没有"ABC"，就不可能理解其他东西。但书的内容绝不仅限于此，说实话，其实所谓"ABC"也并不多。

至于关于列宁在写《唯物主义和经验批判主义》时，据说还没有彻底熟悉辩证法的传言，都是彻头彻尾的假话，只有对辩证法本身概念非常有限并怀有疑虑的人才会觉得这是真的。

1908年，列宁不仅是布尔什维克的政治领袖，也是他们的理论领袖。他理解并使用真正的辩证法来解决整个国家无时无刻不在面对的问题和1905年轰轰烈烈的革命高潮时期摆在工人阶级和农民面前的问题。这些问题极具挑战性，并且兼具广泛的理论性和直接的现实性。对革命认知论的真正逻辑——唯物主义辩证法的娴熟掌握，是列宁作为布尔什维主义领导人的显著特点。而布尔什维主义，是当时社会民主工党中唯一焕发活力的力量。

列宁非常了解作为"马克思主义的灵魂"的辩证法的最高历史形式——《资本论》的辩证法，也就是作为马克思和恩格斯的认知逻辑的辩证法和唯物主义辩证法。他在《唯物主义和经验批判主义》中捍卫的正是这种辩证法，而不是"一般的辩证法"。

　　同样的情况也适用于这样的说法：列宁在这个时候还不了解黑格尔辩证法，只是在后来写《哲学笔记》的论文集时才对这个感兴趣。他后来转而对黑格尔辩证法进行了专门的、批判性的研究。这倒是真的，但他绝不是在《哲学笔记》中才第一次研究和熟悉这些理论。作为一个成熟的马克思主义者，他早已经阅读了黑格尔的《逻辑学》和《哲学史讲义》；在对它们进行批判性分析的过程中，他对辩证法的理解公式和范式细节进行了磨砺和完善，这些公式已经在实践的火焰中得到锻炼。他完善了自己对辩证法的唯物主义理解，并准备写一个简短而清晰的辩证法基本原理，让每个受过教育的人都能理解（就像马克思在他的时代所做的那样）。

　　但他甚至在更早的时候，就完全掌握了黑格尔辩证法的本质。我们知道，他在舒申斯科耶时，就开始研读《精神现象学》。这部作品中的辩证法精髓比《逻辑学》或《哲学史讲义》里的更清楚、更生动、更具体。当然，这一时期的笔记没有被保存下来，但这决不能支持和印证加洛蒂和彼得罗维奇的解释。

　　在准备写一部唯物主义的《逻辑学》时，他保留了黑格尔思想中真正科学的、没有过时的东西，并清除了黑格尔逻辑中一切与唯心主义有关的东西。在第一次世界大战的炮声在欧洲响起、伟大的十月革命走向成熟时，他又对黑格尔的文本进行了研究和评论。

1908 年，他捍卫了《资本论》辩证法的正确性——沿着当时将马克思和恩格斯的唯物主义辩证法与表面上类似于它的替代品（包括迟到的黑格尔主义）分割开来的边界——这包括一般唯心主义，以及辩证法的唯心主义版本，他捍卫了真理。

列宁毫不怀疑，马赫主义在革命马克思主义后方的堕落，是伯恩斯坦早先开始的对唯物主义辩证法的攻击的直接继承。这一点在他的《马克思主义和修正主义》一文中有所说明，本文将其作为专门论述哲学部分的结尾。

这一节值得完整地引用：

"在哲学领域，修正主义紧随资产阶级教授式的'科学'之后。教授们'追溯到康德''——即：修正主义在新康德主义之后仍旧拖泥带水。教授们千百遍地重复着教士们告诉他们的反对哲学唯物主义的陈词滥调，这些修正主义者，带着居高临下的傲慢，喃喃自语着说唯物主义早已被'驳倒'。教授们把黑格尔当作'死狗'，虽然他们自己也宣扬唯心主义，尽管他们的主义比黑格尔的唯心主义小气和平庸一千倍。但一谈到辩证法，他们就轻蔑地耸

耸肩，爬进科学和哲学庸俗化的泥潭，把'复杂的'
和革命的辩证法偷换成'简单的'和'进阶的'辩证法。

"我们没有必要谈论马克思的这种'修正主义'的实
际阶级意义，这个问题本身就很清楚了。我们只
想指出，普列汉诺夫是国际社会民主工党中唯一
的马克思主义者，他从一贯的辩证唯物主义的立
场出发，对修正主义者在这里长篇大论的令人难
以置信的平庸进行了批评。现在更有必要坚定地
强调这一点，因为现在有人打着批判普列汉诺夫
的机会主义的旗号，企图把旧的、反动的哲学垃
圾摆上台面，而这是极其错误的，无法容忍的。"

在注释中：

"参看波格丹诺夫、巴扎罗夫等人的《马克思主义
哲学研究》一书。这里不是研究这本书的地方，
我必须暂时限制自己的陈述。在不久的将来，我
将在一系列文章或专门的小册子中表明文中所说
的关于新康德修正主义者的一切，在本质上也适
用于这些'新'新休默主义和新贝克莱修正主义
者。"23

---

23 《列宁选集》第15卷，第33-34页。

这本"特别的小册子"就是列宁当时正在写的《唯物主义和经验批判主义》。他在书中指出，马赫主义是革命的马克思主义的头号敌人，是"死气沉沉的反动哲学"，是所有反动的——包括社会的和科学的——哲学基础。

但随后又出现了另一个问题。为什么波格丹诺夫（他本人是一个无可指责的无私的人，当时也是一名布尔什维克）不仅把这种哲学当作"现代科学"的真正哲学，还把它当作全世界社会主义复兴的哲学基础，当作"无产阶级的哲学"，甚至成为这种哲学的狂热宣传者？

这怎么可能发生呢？这种哲学如何能吸引像波格丹诺夫、卢那察尔斯基和高尔基这样的人？

列宁的书很可能被赋予一个稍微不同的主题：唯物主义和唯心主义。不仅是一般意义上的，还要加上：在我们当今的时代。它们之间明确的分界线在哪里，那条每个人都必须做出选择的线在哪里？什么是哲学唯心主义，什么是唯物主义？如何认识你所面对的事务？无论你思考的主题是什么，这两个出发点中的哪一个决定了你的思考方向：大事还是小事，全球的命运还是国家的命运，基因问题还是夸克问题，量子力学还是数学，人格的神秘起源还是地球上生命的起源？

那么问题来了：至于你的思想，你对世界的意识，和世界本身——这个只是看起来很简单，实际上错综复杂的世界；这个你在其中生活、行动和进行你工作的世界。无论你写哲学论文还是物理论文，用石头雕刻雕像还是在高炉中生产钢铁。所有的一切，它们之间有什么联系呢？

道路分歧就出现了，区别在于你是选择走左边还是右边。没有中间道路，因为中间道路本身就包含着分歧，只是以更加细微和分散的比例表现出来。在哲学中，"中庸派"就是"无脑派"，他们试图以折衷的方式将唯物主义和唯心主义结合，通过抹平基本的矛盾，通过混淆最普遍的和最清晰的概念。

这些概念是物质和意识（心理、理想、精神、灵魂、意志）。"意识"，让我们像列宁一样使用这个词，它是最普遍的概念，只有通过与最一般的"物质"概念进行明确的对比才能对其进行定义。它是次要的、产生的和衍生的东西。辩证法包括不能定义的物质本身：它只能通过它的对立面来定义。只有当其中一个对立面被固定为主要的，而另一个由它产生的时候，定义才算基本完成。

因此，唯物主义和唯心主义的区别是非常简单的，在形形色色的唯心主义者那里，唯心主义是指责唯物主义的基础，说后者是"原始主义"、"小学生的幼稚"、"非启发式的"、"平庸的"、"不言自明的"等等。列宁的书一出版就受到了这样的指责："总的来说，即使人们承认伊林先生关于外部世界的存在及其在我们的感觉中的可认知性的唯物主义主张是正确的，那么这些主张也不能被称为马克思主义，因为资产阶级最顽固的代表对它们没有丝毫怀疑，"布尔加科夫[24]在他对《唯物主义和经验批判主义》的评论中写道。

列宁的立场在这里没有得到非常准确的表述。它不包括简单地承认"外部世界的存在和它在我们的感觉中的可认知性"，还包括其他东西。对于唯物主义来说，物质——在感觉中给予我们的客观实在，是认识论的基础。而对于所有的唯心主义来说，认识论的基础是意识，在它的一个或另一个假名下（无论是"精神的"、"有意识的"或"无意识的"，无论是"集体的经验形式"或"客观精神"，无论是个人的或集体的心理和社会意识）。

关于物质与意识的关系问题，由于社会意识（"集体的"、"和谐的"、消除矛盾的经验和共识）从一开始就先于并且独立于个人意识，正如物质也独立于个人意志一样，这种社会意识，在其个人化的形式中，在人最紧密的老师的意识

---

[24] 【谢尔盖·尼古拉耶维奇·布尔加科夫，哲学家、东正教神学家。早年间热衷于马克思主义，并在 19 世纪 90 年代称为合法马克思主义的代表人物之一。1901 年受到康德哲学的影响，逐步转向唯心主义。此后又受到陀思妥耶夫斯基和托尔斯泰的影响转向东正教，并自称"基督教社会主义者"。对十月革命持强烈反对态度，于 1922 年被驱逐出境。】

中，以及人的整个圈子的意识中，共同构成了他本人的意识。这种影响程度远远超过了"物质世界"。

但是，社会意识（波格丹诺夫和卢那察尔斯基恰恰把它作为"直接给定的"，作为他们的知识理论的基础，认为这种前提是无可辩驳的，无需讨论的）。按照马克思的说法，社会意识不是"主要的"，而是次要的，它来自社会存在，即人与人之间的物质和经济关系。

世界在我们的感觉中被认知，这也是不对的。外部世界只是提供我们感官，就像提供给一只狗一样。它不是在感觉中被认识的，而是在思想活动中被认识的。按照列宁的说法，思想的科学是当代唯物主义的认识理论。

作为认知的哲学理论，继马克思和恩格斯之后，逻辑学被列宁定义为普遍规律的科学（必要的、独立于人的意志和意识的），人类全部知识的发展在客观上都要服从于这些规律。这些规律是物质世界、自然世界和社会历史世界、一般客观实在发展的客观规律。它们反映在人类的意识中，并被人类几千年的实践所验证。因此，逻辑学作为一门科学，与发展理论衔接并趋于一致，但不是以其现成的形式。然而，根据波格丹诺夫、、伯尔曼、马赫和其他人的说法，逻辑是"工具"、"手段"、"方法"和"规则"的集合，每个人的思维都有意识地服从于这些规则，同时又拥有完全的自我意识。在其理论概念的基础上，存在着所有的在学校里教授式的形式逻辑的古老原则，即：同一性法则，矛盾否定法，以及排中律。

"思维"到底是什么？对于这个问题，哲学自古以来就一直在寻找答案（在很长一段时间里，它以心理学的形式呈现，并试图解释什么是个人心理和"精神"）。

如果思维只是如波格丹诺夫所暗示的"无声的语言"或语言系统的发展过程（这也是所有实证主义者的想法），那么实证主义就是正确的，那就通向了唯心主义。

另一个思路来自斯宾诺莎。他认为，思维是一种固有的能力，不是所有物体的特征，而只是有思维的物体的特征。在这种能力的帮助下，一个物体可以在空间决定的世界中构建自己的活动，与它外部的所有其他物体（包括"思想的"和"非思想"）的"形式和配置"相一致。斯宾诺莎将"思绪的延展"纳入思维物体的属性——如。据斯宾诺莎说，延展也是动物的特征，即使是动物也拥有灵魂。这种观点使斯宾诺莎区别于笛卡尔，后者认为动物只是一个"自动体"，一个非常复杂的"机器"。

思想在物质行动的过程中产生，并作为它的一个特征，后来才被划分为一种特殊的活动而独立于空间和时间。它在人身上以"符号"的形式表现出来。

当从个人经验出发，把语言形成的世界作为知识理论的起点时，就会出现完全不同的情况。这就更容易屈服于这种幻觉了，因为在个人经验中，文字和一般符号实际上和太阳、河流和山脉、雕像和绘画等一样，都被赋予了感性的理解。这是唯心主义在其"符号形象学"变体的根基。如果一个人从个人经验出发，把它作为知识理论的出发点和基础，那么陷入唯心主义是不可避免的。如果一个人依靠"集体经验"，即便后者被解释为首要的独立于存在的东西，唯心主义也是同样不可避免的。

因此，事实证明，意识和物质之间的关系决不是像列宁的批评者试图描述的那样微不足道。当然，只有当哲学的基本问题在其实际内容中得到理解，而不是作为意识与大脑的关系时，它才能得到真正的理解。一个不争的事实是，这种对哲学基本问题的"表述"在过去和现在都不鲜见。

同时，恩格斯和列宁讨论的绝不是意识与大脑的关系，而是意识与自然、与外部世界、与客观实在的关系。意识与大脑的关系问题是需要科学来具体讨论的问题，只能由心理学和大脑生理学的共同努力来解决的，而无法通过哲学来解决。

而且，绝不是这个问题把哲学家们分为唯物主义者和唯心主义者。费尔巴哈、黑格尔、费希特、斯宾诺莎、笛卡尔、亚里士多德和柏拉图都清楚，人的思维是借助于大脑，而不是肝脏。笛卡尔甚至指出了意识在大脑中的"确切位置"，即松果体；而费希特则孜孜不倦地研究了人体特性，认为身体是意识和意志的器官。

没有一个古典唯心主义者怀疑人的思维是借助于大脑，而不是身体的任何其他部分。因此，他们没有这样的疑问。只有在马赫主义者那里才会出现这样的问题，甚至变成了他们哲学中的一个无法解决的问题。

因此，当列宁要求马赫主义者直接回答"人的思维是借助于大脑的吗"时，就已经纯粹是反问了：它相当于把一个人逼到墙角，强迫他直接回答："你同意你是借助于腿而不是耳朵走路的吗？"如果答案是"是"，那么马赫主义者所有莫名其妙的论述就都崩溃了。如果你坚持为他们辩护，你就不得不说"不"，即坚持一个对所有人（以及你自己）来说都很荒谬的观点。

因为这种争论不是意识与大脑的关系，而是意识与外部世界的关系。意识与大脑的关系也是一个非常重要的问题，但它是由具体的神经心理学、心理生理学来研究和解决的。[25]

列宁指出：在人体内部，在大脑、神经系统和感觉器官内部发生的一切，都是自然科学家的研究范围。但他们

---

[25] 【令人想起精神分析学派。】

有时会想，解决关于意识与大脑和整个人体的关系问题，也是解决哲学的基本问题——即关于意识与整个外部世界的关系问题。

哲学正是要研究这个问题。在哲学中，讨论现在、过去和将来都是关于意识与自然和社会历史现象的物质、客观世界的关系，他们独立于思维和大脑之外。这正是心理和生理学都无法回答的问题，不管它有多精密。原因很简单，因为它们从来没有研究过这个问题。

此外，在哲学中，讨论在很大程度上不是集中在个人意识与所有其他方面的关系上，而是集中在普遍的社会意识（由历史上数百万人的共同和连续思考加以认识），与它外部世界的关系上。

存在于自然和历史中的事物、事件和过程，这全部的无限的整体，在哲学中被称为客观实在（存在于主体之外并独立于主体），或者更简洁地说，被称为物质或物质世界。

这个物质世界与个人的思维和集体的"人类思维"，即与"一般的思维"、"一般的意识"、"一般的心理"和"一般的精神"，同样是对立的。就解决哲学的基本问题而言，意识、心理、思维和精神都不过是同义词。

代代相传的社会意识，在原则上与"个人意识"不同。不可能把人们的集体意识（即哲学所说的"意识"）想象成一个"摩尔单位"（单一的心理和单一的意识）——它一次又一次地重复，而最终变化的也仅仅是它的比例。历史上发展的整体，也就是人类的整个精神文化，就是哲学家最感兴趣的、"意识"一词所象征的东西，而不是简单的独立个体的意识。精神文化是由他们之间众多的辩证矛盾的相互作用形成的。从相似的个人"心理"中，甚至可以发展出两种不同、矛盾的心理形态。

黑格尔对此有着深刻的理解，尽管他以自己的方式进行了表达。几个世纪以来，人们的集体心理（而不是孤独的个体的心理）、人类的意识、人类的思维，在黑格尔那里以"绝对精神"的假名出现。而独立的（个人的）心理被称为"灵魂"，被黑格尔解释为"精神的微粒"。

他那个时代流行的"命名法"中包含了大量的真理，但也产生了各种宏大的幻觉。人类的集体心理（精神）已经发展了几千年，对于每个独立的"精神分子"，对每个个体意识（灵魂）都是第一位的。个人的灵魂会诞生和死亡（与康德相反，黑格尔严厉地批判了灵魂不死的想法），但人类精神的集合——"整体"精神还活着，并且持续发展，诞生出越来越多新的独立灵魂，并终将再次吞噬它们。在精神文化的构建中和精神世界的构成中，集体保存了个体。尽管灵魂是终将死去的，但在今天活生生的精神构成中，住着苏格拉底、牛顿、莫扎特和拉斐尔的灵魂，这就是黑格尔辩证地解释精神不朽的本质。一个事物通过另一个事物，通过它的对立面产生和定义。

尽管如此，黑格尔始终停留在精神领域。凡是在这一领域之外并与之完全分离的物质世界，他对他们的兴趣就像马赫或任何其他唯心主义者的兴趣一样小。但他的唯心主义比马赫的狭隘、庸俗的唯心主义要聪明得多，广泛得多，因此也要辩证得多。

因为黑格尔关注的是意识的现实层面，而马赫只关注个体意识。马赫甚至完全不考虑社会意识（而科学恰恰关注它）。因此，科学的问题--是什么，为什么，从哪里来，按照什么规律发展--这一切都被马赫主义者所忽略。政治、法律、艺术和道德也是如此。马赫从未研究过这些普遍意识形式的发展规律。

在哲学方面，他只对个人意识与大脑和感觉器官的关系感兴趣。他只诉诸于独立个体的心理体验。因此，他的论点的所谓"说服力"完完全全是虚假的。

不言而喻，一个物理学家或其他任何人，特别是伟大科学家的思维认知以及他对这种认知的理解，基本上是彼此差异的。事实证明，同一个马赫主义的思维，在它实际产生的形式上，绝不像马赫描述的那样，尽管他自称要建立一个关于意识的普遍理论。

因此，列宁有充分的理由称马赫是物理学领域的杰出学者，但在哲学领域，他只是一个微不足道的反动哲学家。在研究意识（心理、思维、人类精神文化）及其起源和发展规律领域完全是一个伪专家。

如果马赫在自己的领域也采用与认识论相同的态度，那他必须以居高临下的态度来看待牛顿、法拉利和麦克斯韦，就像他看不起黑格尔、马克思和恩格斯一样。若如此，在他看来物理学将不会是基于历史和经验的科学，而只能基于个人的经验并以此作为"每个物理学家的经验"的表征

列宁证明了这一切。在自己狭小的领域——物理学领域，即便思考得好，并不意味着在思想、意识和心理科学的领域也能思考得好。在哲学领域，不仅需要根据自己的个人经验，还需要根据全人类的经验来了解事实。必须了解该学科的研究过程，不是根据个人经验，或者更准确地说，不是仅仅根据个人经验，而是根据全人类共同经验和学科发展的主要标志——即根据这门科学的历史来探究。

一个人如果不费心研究人们已经研究了几千年的东西，不熟悉这个领域已经相当知名的理论，不研究斯宾诺莎、康德、黑格尔、马克思或恩格斯，就允许自己对意识做出

判断，这样的人就是列宁批驳的那种所谓的马赫主义哲学家。

一个物理学家绝不是必须了解哲学。例如，爱因斯坦一直都是一名物理学家，他并没有假装创造哲学概念，更没有发表"哲学论文"。因为他明白，而且不止一次地公开谈及这一点，对他来说，意识问题比他研究的特殊问题要困难一千倍，因此他不会在这个领域妄下断语。当他试图了解让·皮亚杰[26]的研究时，他就表明了这一点。爱因斯坦能够理解这一点，但马赫却不能。这就是他进入哲学史的方式，正如列宁所说。

因此，当波格丹诺夫、巴扎罗夫和卢那察尔斯基与孟什维克的瓦伦蒂诺夫[27]、尤什凯维奇等人就此结成联盟，并开始呼吁俄国社会民主工党人在社会科学领域向马赫学习，按照马赫主义去思考时，马赫的哲学恰恰暴露了它明显的空洞和反动本质，这尤其让列宁感到愤慨。

这就是为什么列宁如此果断和尖锐地（在本质和语气上）站出来反对马赫主义，这关系到俄国新一轮革命的命

---

[26]【瑞士心理学家、哲学家。】
[27]【尼古拉·弗拉迪斯拉沃维奇·瓦伦蒂诺夫，哲学家、经济学家。1897 年加入俄国社会民主工党，1903 年加入布尔什维克。在与列宁产生哲学分歧后于 1905 年加入孟什维克。1917 年二月革命后对克伦斯基和孟什维克感到失望，十月革命后脱离孟什维克，并以无党派专家身份加入俄罗斯最高经济委员会。1928 年因反对集体化政策离开苏联，定居巴黎，并恢复与孟什维克联系。】

运。1905 年没有解决国家面临的基本问题。新的革命是否会取得胜利，或者被再次淹没在血海中，与本次争论的焦点息息相关。

列宁清楚地认识到，如果布尔什维克能够依据马克思的唯物主义和辩证法的思维方式去思考，那么他们就能够领导俄国无产阶级取得决定性的胜利，从而解决国家发展的基本矛盾。

因此，列宁在书中捍卫的不仅仅是一般的哲学唯物主义。他捍卫的是科学（即唯物主义）辩证法。辩证法是当代唯物主义的逻辑和知识理论。不理解这一点的人显然不知道列宁写作此书时面临的关于意识形态斗争本质的无可辩驳的事实的情景。现在应该回顾一下这些事实。

让我们从《唯物主义与经验批判主义》早一年出版的一本书中，摘录一长段文字，这也是没办法的事！书中提到："在《资本论》的作者努力建立起来的比例合理的、陈旧的大厦中，无疑存在需要修理的部分，而且是大修。我们深信，这首先是马克思主义的哲学基础——辩证法。"

让我们用简短的评论来打断这段摘录。这里引用的作者据说"也是"马克思主义者，也曾像波格丹诺夫一样一度加入布尔什维克。十月革命后，他承认了列宁的正确性，进入了俄共的队伍，甚至在 Y.M.斯维尔德洛夫共产主义大学

（Y.M. Sverdlov Communist University）担任哲学教授，他就是伯尔曼——《从现代认识论来看辩证法》（莫斯科，1908 年）一书的作者。他作为共同作者合著了《马克思主义哲学论文集》，这本书也被列宁称为"《反马克思主义哲学论文集》"。

让我们继续引用这段话，它揭示了当时的哲学界状况，使我们理解是什么吸引了伯尔曼，吸引了波格丹诺夫、卢那察尔斯基以及马赫。"……需要研究学说的基础原则，需要把马克思主义哲学的出发点与最新的科学成果相协调"，这是伯尔曼自己对其哲学工作动机的解释。这个动机本身是值得肯定的。但是，究竟为什么伯尔曼在本着这个崇高的动机行事时，突然大肆攻击辩证法？在他眼中，辩证法有什么错？

辩证法不仅犯了"不同意"最新科学成就的错误（在当时，这些成就是马赫、爱因斯坦、奥斯特瓦尔德、庞加莱和其他同样杰出的自然科学家的成就）。在伯尔曼和他的同道思想家看来，恩格斯死后社会民主工党队伍中出现的所有灾难，都应被归咎于辩证法。这包括 1905 年革命的失败，以及导致这些失败的理论。

他们认为，黑格尔要为这一切负责，他对马克思和恩格斯的有害影响像瘟疫一样传给他们的弟子——考茨基、普列汉诺夫和梅林[28]。伯尔曼天真地问道："既然有恩斯特·马赫思想这样清晰的、'真正科学的'思想，为什么革命者会被'黑格尔口语式的小玩意'所吸引？"在马赫的指导下，一个革命者必须摆脱黑格尔辩证法的疾病，摆脱辩证法范畴的贫瘠。"无论普列汉诺夫、梅林等人怎么说，无论他们多么热情地向我们保证，我们都会在黑格尔、马克思和恩格斯的作品中找到解决我们在哲学思想领域的疑惑所需的一切信息。而且，在他们之后所做的一切都只是折衷主义的废话。即便在最好的情况下，也只是对黑格尔的哲学思想或多或少的转述，我们不能也不应该用'中国长城'把自己与所有试图以马克思和恩格斯以外的方式阐明思想的基本问题的尝试隔绝开来。"[29]

在科学思维领域，我们必须坚持与恩斯特·马赫在物理学领域使用的同样的思维方法，并以通俗的方式解释。这不仅是伯尔曼的结论和信念，也是波格丹诺夫和卢那察尔

---

[28]【弗朗茨·埃德曼·梅林，德国社民党左翼领袖，德共创始人之一。早年间为资产阶级民主及国家自由主义思想支持者，在与倍倍尔结识后逐步走向社会主义，其初期观点更接近于拉萨尔，于1880年开始研究马克思的著作。在这一时期他仍同资产阶级自由主义有密切联系。1891年，梅林加入德国社民党，1893年恩格斯在与他的书信往来中，第一次提到"虚假意识"一词。第一次世界大战期间梅林与德国社民党保持了距离，并于1916年参与创立了斯巴达克斯同盟。梅林对俄罗斯的布尔什维克组织和十月革命的事业持同情态度。十一月革命期间梅林身体健康不佳，并受到罗莎·卢森堡和卡尔·李卜克内希遇害的消息影响，身体状况进一步恶化，于1919年1月28日去世。】
[29] 伯尔曼 Berman, Y., Dialectics in the Light of the Modern Theory of Knowledge, pp. 135-136.

斯基的结论和信念。"马赫哲学在自然科学领域中科学认识
的两个基本领域之一代表了最先进的倾向。马赫的哲学是
当代自然科学的哲学",波格丹诺夫在他为马赫的《感觉分
析》一书撰写的介绍文章中写道。孟什维克也得出了同样
的结论,尽管他们的领导人普列汉诺夫也被陈旧的"黑格尔
主义"所影响,但在哲学领域,与他们结成同盟是恰当的。
与瓦伦蒂诺夫、尤什凯维奇等人一起写《马克思主义哲学
论文集》是可能的,有必要的。为此,有必要诋毁辩证法,
因为辩证法妨碍人们接受恩斯特·马赫和理查德·阿芬那留斯
"最革命"的思维方法。他们认为,是他们自己而不是马克思
和恩格斯,配得上*革命的*社会民主主义和马克思主义哲学
家的称号。

这就是《马克思主义哲学论文集》的基本精神,这就
是使那个臭名昭著的小集团勾结在一起的思想。对波格丹
诺夫、伯尔曼和卢那察尔斯基来说,"外部世界"的客观实在
是一个无关紧要的问题,他们对此也没有任何兴趣。"为了
社会民主工党和当代科学的利益",没有必要去关注它,将
其抛于脑后。我们争论的真的仅仅是关于"客观实在"吗?真
的仅仅是关于太阳和星星是否存在的问题吗?不是的,争
论的中心是一个更重要的问题:关于俄国的革命民主今后
将信奉哪种思维方法,到底是从黑格尔演变而来的马克思
主义方法,还是从马赫主义来的所谓"科学"方法。

至于太阳和星星是否真的存在这类问题，或者说，在我们眼中，黑色圆顶上的布满了闪亮的光点，这和天空上的星星到底有什么区别？我们甚至可以说，我们看到的星星只是我们视觉感觉的复合体，由我们的想象力投射在天体空间的屏幕上。这样一来，就算是"科学地"思考它们了。不仅是在这个问题上，在自然科学、社会科学、政治经济学、法律和政治领域，马赫主义者都这么认为。

这种想法就是导致俄国经验主义批评家波格丹诺夫、巴扎罗夫、卢那察尔斯基和伯尔曼，以及瓦伦蒂诺夫和尤什凯维奇落入谬误的原因。《马克思主义哲学论文集》全面概述了他们的想法。

所有这些都是在这样的条件下进行的--当时特别重要的问题是关于理论思维的明确方向，这是由马克思和恩格斯的唯物主义辩证法赋予的。列宁能够熟练运用它，因为他明白，科学的、辩证的理论思维逻辑首先要求对在俄国社会的成熟矛盾进行绝对精确和严格的分析。按照完全客观的标准，制定出解决这些矛盾的具体方法。

但马赫及其追随者则教导人们把所有的矛盾（以及所有其他与矛盾有关的范畴，尤其是矛盾的否定）仅仅看作是有机体（或大脑）的不适和冲突状态，看作是有机体想尽快摆脱的纯主观状态，以便回到身体和精神的所谓"平衡"。

这正是马赫和阿芬那留斯，以及波格丹诺夫和伯尔曼所倡导的。难道还有比这种对矛盾的理解更反对马克思主义辩证法、更敌视它的基本原则的东西吗？

伯尔曼是这样解释矛盾问题的。在一个有机体适应周围环境的过程中，有机体内部有时会出现方向相反的力；两种观念之间会产生冲突，表达它们的话语之间也会产生冲突。根据伯尔曼的观点，这种矛盾的情况，体现在言语与言语的冲撞，口语与口语的冲撞，仅此而已。他说，对矛盾的任何其他理解都是纯粹的拟人化，或者是对严格的语言现象的"本体化"。伯尔曼写道："同一性、矛盾性和辩证的否定，仅仅发生在观念、抽象和思维领域中，而绝不是在实在事物中……"[30]

伯尔曼和所有的马赫主义者认为矛盾就是有机体的两种心理生理状态之间的冲突关系，用语言表达出来他们认为唯物主义辩证法关于矛盾的客观性的立场是完全不可接受的，因为后者的立场是，矛盾是对立统一的，并且是矛盾双方互相转化的交汇点。在俄国马赫主义者看来，马克思主义逻辑的所有这些要素都是"黑格尔主义"的语言垃圾，而当代科学思维的逻辑必须彻底清除任何类似的"垃圾"，为此，他们首先要证明对立统一原则的"非科学性质"。

---

[30] 伯尔曼 Berman, Y., Dialectics in the Light of the Modern Theory of Knowledge, Moscow, 1908, pp. 5-6.

对他们来说，这种对立统一原则是诡辩家对科学原则的颠覆。科学概念，只要它们是科学的，就会以最严格的方式服从于同一性：A=A。"宣布矛盾是思维的基本原则，宣布正面与其反面一样合乎逻辑，这简直是一种精神自杀，简直是放弃科学思维……"[31]伯尔曼在总结他对这个问题的推理时说道。

这就是马赫主义者的想法：禁止对客观矛盾的理解。并且他们正是在这种理解最关键的时刻以"现代科学"的名义下了如此的禁令。唯物主义辩证法把科学思维的方向定位在对国家的阶级矛盾客观性的具体分析上。而马赫主义对科学思维的理解，即使不是出于他们的本意，也客观上导致了对矛盾观的放弃。这是马赫主义者否定辩证法的必然结果。

为了使他们对思维的特殊理解有根有据，他们需要一个相应的哲学基础。唯物主义以及与之密不可分的辩证法根本不适合他们。作为他们的"科学方法"的基础，他们必须引入其他东西，那就是经验批判主义。

根据这种哲学，科学（对现实的科学理解）只是这样一个体系：将"我们的经验"和感觉元素结合成一个不矛盾的复合体。符号的非矛盾复合体，按照形式逻辑的要求和禁

---

[31] 伯尔曼 Berman, Y., Dialectics in the Light of the Modern Theory of Knowledge, p. 164.

令结合在一起。在马克思主义者看来，这些要求和禁令在客观实在中没有任何映射，它们仅仅是符号的运用，而逻辑只是工作方法的累积。因此，逻辑学是一门不反映客观实在的科学，它只是提供了规范使用任何类型符号的规则的总和。

用符号工作。以什么的名义？这项工作要达成什么目的？它的规范从何而来？马赫主义者对此有一个现成的答案。"如果法律的规范以维护和保存特定的社会经济结构为目标，那么思想的规范必须以有机体对其周围环境的适应为最终目标。"[32]

从有机体的要求（即从完全以生物方式解释的人的要求）中，出于对平衡的需要，对消除所有矛盾的所谓先天需要，马赫主义者得出了他们对思维的理解："绝对没有矛盾的思维只是一种理想，我们必须尽可能地接近它；无论是在过去还是现在，我们都离这一点很远，但这绝不意味着我们应该放弃与矛盾的斗争……"[33]

思考，以及人的所有其他心理功能，在这里被直接解释为一种指向维护平衡（或恢复被破坏的平衡）的活动，作为每个有机体中的内在目标。

---

[32] 伯尔曼 Berman, Y., Dialectics in the Light of the Modern Theory of Knowledge, p. 137.

[33] 伯尔曼 Berman, Y., Dialectics in the Light of the Modern Theory of Knowledge, p. 165.

"每个有机体都是一个物理化学的动态系统，也就是说，在这个系统中，各个过程在平衡状态下相互支持。"平衡，被理解为有机体内没有任何冲突状态，这是思维的最高原则。逻辑作为一个规则系统，则保证了这个目标的实现。最终目标是达到这样一种状态：有机体感觉不到任何需求和动机，而是处于一种稳定的静止状态。

不难看出，从这种思想理解中得出的逻辑是多么不适合革命者。这种逻辑使任何从属于它的思想对现实的矛盾视而不见；对阶级之间的物质关系领域的矛盾视而不见；对人与人之间关系中的革命危机也视而不见。

马克思唯物主义辩证法把革命者的思维引向对矛盾关系的分析。马赫唯心主义形而上学把注意力从这种分析上转移开来。

列宁清楚地看到，采用这种思想逻辑的革命者将不可避免地堕落成某种无视生活的真正矛盾、试图把自己的武断意志强加于生活的任性生物。因此，他开始向波格丹诺夫、卢那察尔斯基和他们的追随者解释他们哲学的错误性质，以及这种错误思想如何进入并且感染了他们的大脑。他不仅要向他们解释，而且要向全党和所有那些轻率地相信波格丹诺夫、巴扎罗夫、伯尔曼和卢那察尔斯基的科学权威的工人革命者解释。他必须果断地把他们从这种瘟疫中解救出来，阻止马赫主义的进一步传播，同时中止孟什维克的谣言：他们说马赫主义被布尔什维克采纳为他们的哲学思想；马赫主义也遵循布尔什维克的逻辑，因此它才背离第二国际并与普列汉诺夫决裂。

列宁坚定而明确地宣布：布尔什维主义的哲学旗帜仍然是而且一直是唯物主义辩证法（是的，唯物主义，而不是黑格尔的唯心主义！），即马克思和恩格斯的辩证法。

马赫的思维模式是一个原则上的经验主义者的逻辑，他试图把一个历史上有限的思维模式的特殊性普遍化。这种方案符合了小资产阶级唯利是图者的心态，因为他们对革命感到惊恐，他们只关心一件事：如何保持他的小世界的平衡；或者如果平衡被打破，如何恢复这种平衡；如何通过消除其中的矛盾因素，恢复他失去的物质和精神上的舒适性。为此他们不择手段，不惜代价。

如果这种思想渗透到革命者的头脑中并开始成为指导思想，那一定是一场灾难。最终失去平衡的人就会变成被激怒的小资产阶级，变成"伪左派"，而变得和他们一样的革命者则会变成这种"左派"的领袖。或者在失去平衡之后，他们开始慌不择路。不是在"革命"的热情中，而是在宗教的宁静或狂热中，寻找一个救世主。

说实话，波格丹诺夫是一个具有不屈不挠的革命意志的人。但他的这种能量总是在寻找一种更直接的出口。他从来没有想过任何偏离他目标的道路，也没有能力去寻找其他方法。一旦他在马赫的思维方案中找到了这些立场正确性的"哲学证明"，他就更加确信地按照他们的精神进行思考和行动。逐渐地，他远离了列宁，远离了布尔什维主义，远离了唯物主义辩证法。

俄罗斯马赫主义中的另一边是卢那察尔斯基。这位受过高等教育的知识分子和人文主义者的性格比波格丹诺夫要柔和得多；他的意志也没有那么刚硬。他更倾向于在道德伦理层面上发声，而他恰恰在马赫主义中为这一软弱找到了哲学上的理由。他热切地开始寻求和建立"一个相当于上帝的人间革命者"。但是，列宁指出，在地球上寻找上帝并不比在天堂寻找更容易。

历史是哲学、政治和所有其他思想的真正母亲，她证实了列宁的正确性，证明了他的反对者的荒谬性。在未来还将持续证明这一点。

正如黑格尔所说，历史是一个真正的法官。相对于其他法官和法庭，她是不会犯错的。[34]在这个哲学问题上，她

---

[34]【这里隐含了历史必定是向前进的想法，但是历史真的会这样吗。历史冷酷无情冰冷沉重，是人给历史附加了种种意愿。太史公史记中专门记录了刺客列传，以期后世读史使暴君夺魄，给懦夫增气。卢卡奇借助历史与阶级意识把历史与人类社会活动结合起来，把阶级看做了人类社会活动赋予一个群体的历史地位实感。但是福山又说苏东剧变象征着所有的人类社会实验的失败，不论承认也好拒绝也罢，历史在这一刻终结，自此人类的历史只剩下了资产阶级和资本主义史。随

已经作出了判决，这是最终判决，不能上诉。事实证明列宁是正确的，而波格丹诺夫、巴扎罗夫、卢那察尔斯基和伯尔曼是不正确的。在列宁的书发表之后，布尔什维克队伍中再没有人敢于公开宣布和捍卫马赫主义思想。

诚然，有些人同情马赫和波格丹诺夫，但他们不得不把同情藏在心里。波格丹诺夫没有能力也不愿意从理论上研究物质的经济关系中活跃的矛盾联系，最后在政治上也变得糊涂了。

当他确信了自己在政治上的无力时，波格丹诺夫将自己的精力投入到他所了解的领域，即生物学和医学。1928年，他在用自己的血液进行一项危险的医学实验时去世。《马克思主义旗帜下》杂志发表了他的讣告和画像，并将他视为一个医学领域的英雄、一个纯粹的人。

但接受了他观点的弟子们，把他的哲学认为是"真正的科学哲学"，转而进行一系列远离医学领域的实验，这体现在：艺术中的自我幻觉、20世纪20年代经济领域的冒险实验，和基于阿芬那留斯和马赫的机械"平衡理论"。

着工业生产自动化和产业转移，工人阶级在发达国家的占比和主体地位越来越让人担忧。】

当然，列宁当时并没有也不可能预见到这一切。但他清楚地看到，对于革命者和革命本身来说，马赫主义隐藏着巨大的不幸。

这难道不是对一般的哲学，而不仅仅是马赫哲学唯心主义的预测吗？

当然，人们的思维最开始不是由教师和哲学家塑造的，而是由他们的实在生活条件塑造的。

正如费希特所说，你选择什么样的哲学，取决于你是什么样的人。每个人都会被一种与他自己思维中已经形成的形象相一致的哲学所吸引。他在其中发现了一面镜子，这面镜子充分展示了早先以模糊的倾向、不明确的暗示存在的一切。一个哲学体系用自我意识来武装个人的思维（意识），用批判的眼光来看待自己，就是从侧面、从全人类共同的经验和思维历史的角度来看待自己。

在波格丹诺夫和他同道者的经验范围内，无法为国家这样的主体找到空间。国家参与了资本主义发展进程，在这个进程中，它在陈旧的、众所周知的、尚未解决的矛盾上累积了新的和具体的发展矛盾。在分析特定的科学和技术问题时形成的思维，以及旨在解决这些问题的思维，在如此复杂、极度分化但又对立统一的情况面前迷失了。

当议题是从 1905-1907 年革命的失败中吸取教训时，这一点就显而易见了。只有真正的教训才对未来有用，为了吸取这种教训，需要对革命过程进行最严格的理论分析：从革命的原因开始，到分析在这场革命中发生冲突的各阶级的优势和劣势为止。这需要一种绝对清醒、客观的分析，而且这种分析是为了革命的利益。马克思和恩格斯的唯物主义辩证法就是这样的分析，我们应无条件地接受它，以辩证法的思维逻辑来武装人民。

一些人显然不准备执行这项任务。于是他们开始寻找某种更简单、更"有效"的工具，那就是马赫主义。

当革命被淹没在血泊中时，对马赫主义哲学的需求就更加强烈了。当然，反动时期不仅马赫主义获得流行。神秘主义和色情作品也大受欢迎。在那个时刻维持坚定意志是非常困难的，革命希望的破灭尤其是一件可怕的事情。

对进步和民主变革的理想，在一开始似乎是一种幻觉。这些理想很诱人，但在现实世界中永远无法实现。1905 年，试图在"此时此地"将其实现的英雄们是天真的乌托邦主义者，或者是财用自足的冒险主义者……

于是，在对未来的思考中，波格丹诺夫写了一部关于社会主义的科幻小说。

二、俄罗斯实证主义的实证方案

就俄国马赫主义而言，这部名为《红星》的小说绝非偶然。如果我们更仔细地研究它；它将为我们目前感兴趣的许多问题提供答案，包括波格丹诺夫对卡尔·马克思学说的态度。我们将发现哲学的本质，他（与列宁不同）将其用作棱镜来开始他对社会主义的考察。根据马赫的原则，根据"现代自然科学的成就"，根据他现在与巴扎罗夫和尤什凯维奇、卢那察尔斯基和瓦伦蒂诺夫、伯尔曼和苏沃洛夫一起宣扬的"最新哲学"，社会主义被"批判性地净化"。

在《马克思主义哲学论文集》中，他和同道者们概述了这种"新哲学"。同年，即 1908 年，他出版了《红星》，将这种哲学应用于对社会主义及其前景的思考中。

这样做的效果是非常有趣的。波格丹诺夫越是试图捍卫社会主义理想，在他眼里它就越是优雅和崇高，他就越来越显露出一个疲惫的、停滞的和贫弱的形象，这对一个活生生的人来说是相当屈辱的。这不是波格丹诺夫的错，只是他的不幸和悲哀。

他的思想是如何走向与马克思和恩格斯的对立面的，即从科学到乌托邦，答案是非常清楚的。但波格丹诺夫觉得一切都没有改变，他认为自己在哲学、社会和经济问题的解释都在进步。

小说不仅包括了许多来自经验一元论的段落，整个结构都是由这种哲学思想组织的。因此，《红星》只是波格丹诺夫的理论构建和他的认识论的一个艺术等价物。

从艺术的角度来看，这部小说没有什么意义；它是枯燥的，说教的。它显然从未被认为是杰出的科幻小说。但它有助于我们了解波格丹诺夫哲学中的许多内容，了解其在现实的、世俗的对应物。

小说作为一个整体，是马赫主义经验一元论对马克思学说作出解释的一部分。书中的英雄们经常提到经验主义的引文，并试图向读者尽可能清楚地解释其实在意义。经验一元论的文本被切割成碎片，并委托给书中的人物讲出，他们是：工程师门尼、医生内蒂和革命者列昂尼德。

小说的开头相当贴近现实。列昂尼德坐下来苦苦思索1905年革命失败的教训，以及他与心爱的女人分手的原因。突然发现，他并不是唯一在思考这两个问题的人。

事实证明，1905-1908年的事件和他的个人命运正被来自火星的人密切关注。

火星人的蛋形飞船一直在克拉斯纳亚普雷斯尼亚的街垒和斯德哥尔摩上空盘旋，在那里，列宁的支持者和普列汉诺夫的支持者正进行激烈的讨论。外星人知道一切，甚至知道列昂尼德和安娜·尼古拉耶夫娜分手的原因。他们无所不知的眼睛探寻着所有尘世秘密。他们非常聪明，比罪恶的地球人更了解地球的一切。他们对世俗事务的关注并非没有明确的动机，访问的目的仍是秘密，只有在以后才会向列昂尼德揭开。

最终，和外星人唯一建立联系的地球人是列昂尼德。为什么是他？因为外星人的心理生理学家确定，在整个地球上，他是最接近他们的一个人类样本，无论是生理上还是心理上。只有通过他，人类和外星人才有希望相互理解。

外星人向列奥尼德解释说：通过对他的研究，他们想彻底调查地球居民的心理，以及地球的"最佳变体"，以便决定他们是否帮助俄罗斯社会进行民主革命，以及评估这样做的风险。事实上，他们可以用超级武器武装俄罗斯——那是一种由可裂变放射性元素制成的炸弹。

但他们能被赋予这样一种超级武器吗？他们是否有足够的理智来管理自己？

带着这个目标，他们为列昂尼德安排了一次火星之旅。在那里，他亲眼看到了超级科学和超级技术的奇迹。带有发动机的飞行装置利用"反物质"能量工作，就像莫斯科和伦敦的随处可见的公共汽车一样。但是，列奥尼德最感兴趣的并不是技术上的奇迹。对他来说，更重要的是火星的社会结构、人们的相互关系。火星上实行社会主义，或者更准确地说，它完全实现了社会主义的"理想模式"。

生产资料和产品私有制早已被清算和遗忘。生产是按照严格计算的计划（使用巨大的计算机）进行的。对计划微小和偶然的偏离都会迅速被消除。个人需求得到充分满足，行动不受管制。因为每个火星人都很理智，不会想要任何多余的东西。这里实现了完全的平衡，没有任何矛盾或冲突。

国家早已消失，所有的暴力机关也已消失，因为所有正常的火星人都是聪明和谦虚的。当然也有例外，但那些只是没有受过教育的儿童和精神不正常的人。他们很容易被医生和教师处理，他们被授权使用武力，直到无痛地杀死那些无法治愈或发疯的人。医生和教师都很聪明，心地善良，没有理由担心任何药物和武力的滥用。

劳动一点也不辛苦，不会给人带来负担。机器为人们做一切事情，人们只是在监督机器。在社会需要的地方做几个小时的工作后（用记分牌上的数字表示），人们就自由了。

火星人在工作之余做什么？谁知道呢？列昂尼德（在这里他们叫他列尼）不被允许研究这个问题。也许他们投身于爱情，也许是艺术，也许是智力上的自我提高。但这些都是每个人的私事，在火星上，不允许对私事刨根问底。

因此，在社会中，在人与人之间的关系领域，有一个完全的、几乎绝对的平衡。所有的矛盾和分歧都几乎消失，或者被减少到必要的最低限度。甚至性别之间的差异也是如此（列尼无法理解，为他治病的医生内蒂实际上是一个女人，她竟然爱上了列尼）。

在列尼眼里，所有的火星人都长得一样。他只看到同一个类型，不停地繁殖：一个大头人，有一双无精打采的大眼睛和一个虚弱、贫血的身体，它被掩盖在设计为相同风格的衣服之下。火星人向列昂尼德解释说，他们天生就是如此，这是由火星的性质决定的。在这里，太阳能没有那么强烈，重力是地球上的一半。因此，他们不像地球上的居民那样情绪化，他们更理智，而所有其他细节差异都与此有关。而且他们在很早的时候就已经建成了社会主义。

列尼开始感到迷惑。他试图指出，生活在这个几何学上的平衡和无矛盾的世界里，不是很无聊吗？火星人用一种悲伤和居高临下的态度看着他：你的问题本身就暴露了你是一个外星生物，一个来自地球的新人。它暴露了资本主义的残余在多大程度上仍然毒害着你，以及资产阶级个人主义在多大程度上仍然存在于你体内。

列尼悲哀地被迫同意这一诊断。他的理性已经理解并接受了这一切，但他的情感却无法同意。他的理性仍然不够强大，无法压制这些非理性的情绪，他开始感到极度绝望。火星精神病专家被迫将他安置在医院，在药物的帮助下恢复他紊乱的心理平衡。一时间，他意识中的资本主义残余不再折磨他：化学品已经抑制了它们。

但只是暂时的，因为列尼的心理和生理还保留着地球上的不完善的特点。他还是像以前一样用地球居民的眼光看待一切，他的"狭隘的爱国主义"使他无法完全上升到星际利益的高度，无法从星际社会主义的角度来看待这个世界。但是，凭借他的理性，他可以正确地理解一切，特别是火星社会主义是比地球上已经成熟的那些形式更高更完美的星际社会主义形式的事实。只要他的"资产阶级和个人主义的地球情感"和"他意识中的资本主义残余"仍处于休眠，他就会清楚地认识到这一点。

不理性的情绪可以在药物的帮助下被压制。但是，只要它们只是处于休眠状态而没有被根除，列尼和火星社会主义之间缺乏理解的根源就依然存在。挥之不去的是他们显而易见的心理和生理上的不相容，这是以星际的两个不同种族的生物不相容为基础的。

波格丹诺夫绝不是要嘲笑社会主义，相反，他是要献身于社会主义的。但是，当他开始通过马赫主义哲学的扭曲镜片，通过他的经验主义棱镜，通过这种哲学的概念框架来看待马克思社会主义时，社会主义会变成什么样子？根据光学原理，当我们通过它的镜片进行观测时，马克思的学说就被扭曲和模式化了。

他们在马克思勾勒的未来图景中，把那些从政治经济学的角度（而且是从对政治经济学的非常狭隘的理解）抽象出来的特征挑出，作为社会主义的特征和轮廓。

这些都是波格丹诺夫的小说《红星》中的主人公所看到的。社会化的财产和有计划的生产组织的关系、生产和消费、社会必要时间和自由时间之间的平衡、法律和国家强制力的消失、社会生产参与者的高度自觉……这所有的一切，都是波格丹诺夫看到的社会主义的必要特征。

但是，除了所指出的社会主义特征外，从马赫主义的眼镜中看不到其他任何东西。马克思的经济框架仍然存在，但只是作为一个框架；而血肉之躯，即马克思主义对社会主义未来构想的具体现实，却被丢在一边，被马赫主义的幻想所取代。因此，透过马赫主义的棱镜，你看到的是波格丹诺夫小说中的主人公在火星上"亲眼"看到的同样画面。马克思的学说，通过马赫主义哲学的棱镜来审视，就变得面目全非了。

波格丹诺夫的经济框架是马克思的，但它的实现（即社会生活的所有其余领域的结构：道德、艺术文化、政治和法律上层建筑）却不再立足于马克思，而是立足于马赫。或者更准确地说，是根据波格丹诺夫，因为他"创造性地发展了"马赫哲学，并将其具体化，以符合全球社会主义的利益和目标。

让我们再一次回到小说中的火星英雄，让我们看看他们在火星上又遭遇了什么。这就更有意思了，因为作者本人毫不掩饰地表示，在火星事件的幌子下，他描述的是地球上的未来事件；是他根据经验主义的公式"计算"出来的事件。

因此，列尼的生物心理与火星社会主义的不相容性是以严格的科学方式确定的，它被火星的心理生理学家所验证，并被列尼自己认可。因此，他同意接受最激进的治疗。火星人决定治疗的强度，他无条件地信任他们。当然，火星人的医学（就像他们的心理学，就像他们所有的文化和科技一样）已经达到了相当高的水平，甚至可能超越地球数千年。

这就是小说中的主人公在火星上遇到"真正的"社会主义之后采用的"理性"思维，这也是火星人的思维方式。事实上，火星人也是按照经验主义的铁律来思考的，并将这种逻辑提升到了极高的水准。在这一逻辑下得出的结论在数学上是严格的和无可指摘的。

以下是这种逻辑产生的前提。

1）火星上的自然资源贫乏，35年后，资源短缺就会对它产生不利影响。火星面临着两个不可避免的选择：要么它的社会主义文明进入退化阶段，即走上毁灭之路；要么它以开发其他星球的自然资源为代价来拯救自己。

2）他们没有选择。需要立即对地球和金星进行殖民。地球将是最好的选择，因为没有足够的时间和精力去开发金星。但是地球上居住着人类，由于生物心理的不相容性，火星人不可能与他们达成和平协议——这一点在列奥尼德的实验中得到了证明。

3) 严格的逻辑计算表明（正如小说中的一位主人公所说），迟早有一天，"经过长期的犹豫和无效的、痛苦的纠缠，事情将不可避免地让我们达成共识：作为能够预见事件进程的、有意识的人，从一开始就应该认清：殖民地球需要彻底消灭地球上的人……"

结论是：如果火星这种较高的社会主义形式要生存和发展，就必须牺牲地球这种较低的生命形式。

他们说，确实可以尝试强行重新教育地球上的人类，可以对他们的意识层面进行社会主义文化革命。但这真的不值得，会有很多麻烦，且耗时很久，而他们没有时间了。因此，只有一条路可走：消灭人类。这种方法既简单又经济，因此也是合理的。这种行动不会有任何残酷性，因为我们能够以比他们不断施加在同类身上的痛苦少得多的方式实施这种灭绝！

这就是思维的经济考虑，行动的经济考虑，以及受害者本身痛苦的经济考虑……但最后，火星人放过了人类和列尼。尽管列尼在反复发作的精神错乱中犯下了谋杀罪（他谋杀了证实有必要消灭地球上的生命的那位理论家），火星人还是放过了他们，只是把他们驱逐除了火星。

而正是爱成就了这个仁慈的奇迹……但是，虽然这里可能有爱的因素，但它如何能够抵御火星理性的铁律？很简单。诉诸爱情和其他崇高和崇高的情感。而情感的呼吁，对于实证主义来说是非理性的——经验主义不断地发现自己在论证中陷入了僵局。尽管理性思考像计算机的结果一样精确，也像这种设备一样没有灵魂，但还是出现了一种奇怪的渴望——对人类的温暖、爱和同情的渴望。当所谓的科学思维导致不道德的结论，导致暴力和残忍的合理化，甚至唤起恐怖，那么科学家就会流泪，并开始在抽象和空洞但"人性化"的理想中寻求救赎来假装自己的崇高，但不幸的是，这只是一种贫瘠的高贵。

由于这个原因，波格丹诺夫发现除了通过爱情，没有其他手段可以拯救地球上的居民。一个女火星人内蒂——在很长一段时间里被列尼当作一个年轻男人——已经爱上了他，她比灭绝理论家更了解事情的本质。内蒂坚决地反对灭绝计划，并赞成与这个智力还处于半野蛮的地球文明结盟。是的，他们比我们弱，比我们低，但他们是其他生物。让我们爱他们，就像爱其他火星人兄弟一样！

"生命的统一是最终目的，而爱是最高的理性"，内蒂可怜兮兮地解释道。于是，她在列尼被流放之后赶向地球，并亲自参加那里的革命。

让我们暂时离开火星，回到对《马克思主义哲学论文集》和波格丹诺夫及其同道者其他作品的分析。

读者可能已经注意到，在这些文本的引文中，"*平衡*"这个神奇的词是多么频繁地出现。是的，我们在这里处理的不仅仅是一个词，而是一个符号——一个信仰的符号，一个他们思维逻辑的基本点和关键点。无论他们的论点源自何处或引向何处，他们都不可避免地以平衡开始，以平衡结束。

读者从他们的作品中发现，平衡并不是简单的仅仅是
每个人从个人经验中熟悉的天平上的平衡，而是更重要、
更普遍的东西，是形而上学的东西。

事实证明，这个神奇的概念既包含了生命的秘密，也
包含了社会有机体运作的秘密，甚至包含了所有宇宙系统
和事件的奥秘。只要人们拥有了相对应的"钥匙"，所有这些
奥秘和谜团都会迎刃而解。

整个无限的宇宙都在努力实现平衡。因此，人类的历
史、社会有机体（人民、土地、国家和文明）的历史，都
以平衡为目标。

随即，一切都变得清晰起来：经济和政治关系的状况，
青蛙生命体的组织原则，以及太阳系的演变方向。

值得注意的是，在马赫主义者的作品中，他们没有对
这个词的含义有一个明白的解释。他们喜欢用例子来解释
它，在这些例子中，这个"经验符号"的实际含义清楚地闪现
出来：它首先是一种静止和不动的状态，没有任何变化或
偏差。

平衡意味着没有任何冲突和矛盾的状态，也就是说，
没有向不同的、矛盾的方向拉动的力量。而这种状态怎么
能实现呢？你永远不会看到这样的状态，即使在商店的天

平里，平衡也只是一个短暂的结果。而这只能在某一刻实现，两个对立的力量分别指向杠杆的两端：一个往上压，另一个往下压。

在俄语中，平衡的意思是："一种不动的，静止的状态。在这种状态下，结构处于平等和对立的力量影响之下。"但根据马赫主义的逻辑，在一个点上（或在一个身体上）存在施加压力的对立力量是一种糟糕的状态。它类似于在黑格尔语言中的矛盾状态，即"整体的不适状态"。在这种状态下，两种对立的力量施加压力，要么从两个相反的侧面挤压整体，要么将其撕成两半。

因此，对平衡的这种理解对马赫主义者来说是不可接受的。在他们眼中，平衡只是矛盾的经过和迅速消失的结果，是对立面作用于一点的结果，即每个生物体试图尽快摆脱的状态，而绝不是它所谓的努力实现的状态。

于是，对这里出现的平衡的概念，马赫主义者把它与矛盾对立起来，即两种对立力量的存在。在这种状态下，两种对立的力量不再存在，因此不再挤压或撕裂整体。这些力已经不存在了，但它们在某一点上建立的状态仍然存在。平衡就是这样的一种状态。这种状态的特点是没有任何对立的力量，无论是内部的还是外部的，物理的还是心理的。

在这种形式下，平衡是宇宙和精神的理想模型，是马赫主义的基本哲学范畴，是马赫关于宇宙、历史和思维的论证起点。这种愿望就是努力追求平衡，想要一劳永逸地摆脱所有的矛盾，不管是什么类型的对立力量。

除此以外，平衡在这些条件下找到了古代哲学用"内在目标"、"客观目标"和"持续目标"描述的所有特征。根据马赫主义的逻辑，平衡决不是一种真实的状态，不是经验给定的——即便是暂时的，而只是自然、人和一般存在的理想和目标。

这种平衡是静态的、完整的、不受任何干扰的、静止的、不动的平衡，是"悬浮在宇宙虚空中"的状态，是马赫主义者波格丹诺夫平衡概念的理想模型。

这是俄罗斯马赫主义的第一只"鲸鱼[35]"。第二只"鲸鱼"——它的第二个逻辑基础是经济作为宇宙和思维的最高原则。

如果对马赫主义者来说，平衡是整个世界进程的理想和目标，那么，经济就变成了实现平衡的唯一和普遍的手段："运动着的事物，自古以来就发展出了适合其发展的客观方式（太阳系的行星运动、地球现象的周期、生命的过

---

[35] 在俄罗斯神话中，地球由三只鲸鱼支撑起来。

程）。这正是凭借它们内在能量的保存和积累，凭借它们内部的经济关系而形成和发展的。"[36]

这是"苏沃洛夫同志"写的（列宁示威性地称这位思想家为"同志"，以表明他对普列汉诺夫和波格丹诺夫的讽刺态度；在批评波格丹诺夫的马赫主义时，普列汉诺夫曾以同样的方式称他为"波格丹诺夫先生"，后者对此非常生气）。而"巴扎罗夫同志"在同一篇文章中解释说："'能量消耗最小'原则是马赫、阿芬那留斯和其他许多人的知识理论的基础，因此是认识论中毫无疑问的'马克思主义'倾向。在这一点上，绝不是马克思主义者的马赫和阿芬那留斯比提出 salto-vitale（获生的跳跃）思想的马克思主义者——普列汉诺夫，更接近马克思。"[37]

这种"接近"体现在哪里？很简单："马克思有'经济'，马赫也有'经济'。但是，这两者之间是否真的'无可置疑'地存在着哪怕是一点点相似的影子？"[38]

列宁对这个论点进行了评论。此外，他还耐心地向巴扎罗夫和苏沃洛夫解释（当然，他考虑的不是他们，而是

---

[36] Essays in the Philosophy of Marxism. A Philosophical Miscellany. St Petersburg, 1908, p.293.
[37] Essays in the Philosophy of Marxism. A Philosophical Miscellany. St Petersburg, 1908, p.69.
[38] 《列宁选集》第 14 卷，第 169 页。

他们的读者），如果这里真的有"相似的影子"，那么它已经被"经济"这个词所穷尽。这里的"相似性"仅限于言语方面。

在对俄国马赫主义者逻辑的评价中，列宁是绝对无情的。在引用了波格丹诺夫的长篇大论之后"每一个社会选择行为都代表着有关社会综合体能量的增加或减少……"，列宁总结道："这种难以启齿的胡说八道却被当作马克思主义而被奉为圭臬！你能想象有什么比这一连串在社会科学领域毫无贡献的生物和能量主义的术语更没有生命力、更没有学术价值吗？完全没有具体经济研究的影子，没有马克思的辩证法的影子……"[39]

除了连篇废话、玩弄文字、术语和符号之外，这里什么都没有。更没有波格丹诺夫和他的朋友们声称的对马克思主义学说的"哲学深化"。

任何地方、任何时候、任何事物都有经济性：不仅有金钱的经济性，而且有思想和实践的经济性，还有灭绝性战争受害者的痛苦的经济性（还记得火星吗？）。在这种"概括的"、"哲学的"意义上，"经济"一词变成了一个简单的标签，可以平静地贴在任何现象、任何过程上，而丝毫不考虑对这种具体现象的调查研究。

---

[39] 《列宁选集》第14卷，第327页。

这种类型的哲学，以其对"所有特定概括的真正的、科学的综合"的假装，激起了列宁的愤怒。他忍不住说道：波格丹诺夫根本不是在从事马克思主义的研究；他所做的只是用生物和能量学的术语来重新掩盖这种研究已经取得的结果。整个尝试从头到尾都是毫无价值的，因为"选择"、能量的"同化和异化"、能量平衡等等这些概念，在应用于社会科学领域时，都是空洞的说法。事实上，对社会现象的探究和对社会科学方法的阐释完全不能借助于这些概念。[40]

这并不是简单的废话，而是有意识地与唯物主义辩证法的基本原则相抵触。如果说"平衡"首先是马赫主义对矛盾的反概念，那么"经济"则以最明确的方式与辩证唯物主义对真理的理解相对立。

当经济被转化为科学思维的原则，转化为认识论的原则时，它被称为"最小能量消耗"原则，或者被称为"简单性"原则。这个原则方便时可以记住，情况不允许时则可以被忘记。

列宁做了一个简短而准确的诊断："……如果真的把思想的经济性原则作为'知识理论的*基础*'，它*只能导致*主观唯心主义。"只要我们想把这种荒谬的概念引入*认识论*，就会

---

[40] 《列宁选集》第 14 卷，第 328 页。

无法避免地导致，人们认为只有我和我的感觉存在是更"经济"的。

认为原子是不可分割的，还是由正负电子组成的[41]，哪一个"更经济"？把俄国资产阶级革命看作是由自由主义者进行的，还是看作是反对自由主义者而进行的，哪一个"更经济"？只要提出这个问题，就可以看出在这里应用"思想经济"的荒谬性和主观性。[42]

恩斯特·马赫本人，当他作为一个物理学家思考时，以这样一种方式"解释"他的原则，基本上没有留下任何有用的东西。例如，在《Wärmelehre（热力学）》（德文第二版，S.366）中，马赫回到了他最喜欢的科学的"经济性质"理论。他补充说，我们从事一项活动不是为了活动的目的（366；在 39 I 上重述）。"科学活动的目的是对世界进行最充分的……最平静的……描绘。"在这种情况下谈论思想的*经济性*，只不过是用一个笨拙的、可笑的、自命不凡的词来代替"正确性"。马赫在这里像往常一样犯糊涂了，而马赫主义者把这种糊涂当做他们的信仰！

---

[41] 【列宁时代没有发现中子。所以只认为有正负电子。但是伊林柯夫时代不止中子，连夸克都已经比较成熟了。列宁学好了物理，而伊林柯夫没有。】

[42] 《列宁选集》第 14 卷，第 170 页。

对俄国马赫主义者来说，"思想的经济性"是"现代自然科学哲学"的最高成就，它必须被严格地应用于社会现象的分析。这样一来这种分析将是"精确的"和无懈可击的。

为了结束对这一原则的讨论，让我们介绍实证主义在这一问题上的专家，"维也纳学派"的捍卫者维克多·克拉夫特[43]的权威表述。在讨论波普尔最近试图对简单性的概念给出一个"精确的表述"时，他说："简单性在所有迄今为止存在的实证主义中起着决定性的作用，从基尔霍夫开始，以'思想的经济性'的形式出现在马赫和阿芬那留斯身上，以及从庞加莱开始的传统主义中。它应该决定假说和理论之间的选择。然而，在此之前为解释这种简单性到底是什么，以及为建立一种简单性的标准所做的所有尝试，都没有获得成功。被称为'简单性'的东西，在一定程度上是从实践的角度、部分从审美的角度，以及从一个超逻辑的角度来看待的。怎么理解逻辑意义上的简单性，波普尔试图进行复合的定义。从他的简要解释中，我们不可能清楚地理解这样一个'简单性'概念究竟有多大的适用性：在这里，仔细的调查和探究仍有待进行……"[44]

一百多年过去了，但"现代自然科学哲学"仍无法向人们明白地解释必须通过"思想的经济性"（或"简单性"）来理解的东西。他们的这种"简单性"已被证明并不是很简单。

---

[43] 【维克多·克拉夫特，奥地利哲学家，维也纳学派的主要代表之一。】
[44] 克拉夫特 Kraft, W. Wiener Kreis. Wien – N.Y., 1968, S. 130.

如果愿意的话，人们可以从马赫和他的后继者在这方面的作品中提取的唯一定义，实际上一点也不复杂："简单"应该被理解脑海里出现的任何东西。在古代哲学语言中，这被定义为极端主观主义。翻译成俄语时，它意味着任意地使用词语和术语。

这就是著名的"思想的经济性"原则，这就是俄国马赫主义的第二只"鲸鱼"。

在我们谈论第三只"鲸鱼"之前，我们把注意力转向那些用于构建俄罗斯马赫主义基本原则的方法和逻辑。

这是一个极其简单的机制，波格丹诺夫笔下的内蒂非常清楚地、以一种通俗的方式解释了它不复杂的结构。"当然，"内蒂说，"每一种哲学都是认知的弱点和碎片化的表现，是科学发展的不足；它试图对存在进行统一的描绘，用猜测填补科学经验的空白；因此，哲学将在地球上被科学一元论消除。"这样的目标是如何实现的呢？通过纯粹而简单的"科学信息"的积累，这些信息从四面八方而来，在共同点的交汇下被组合成一个整体。这就是经验主义的全部内容。

"实证"这个词只是代表"经验"或"实验"。它是一个口号，一个标签。它表明：在带有这个标签的哲学体系中，没有任何东西是捏造的，没有任何东西是推测的。只有经验的实证的事实"批判性地净化"一切外来的东西，一切在这个经验中没有给出的东西，一切"自在之物"，一切"超验的"和一切"超越经验"的东西。

"科学一元论"意味着以此为名的作品将专门讨论科学、物理学、化学、生理学、心理生理学和政治经济学所牢固确立的东西。在这里，讨论将只集中在科学所证明的东西上，而任何"可疑的"东西都将被"谨慎地"、"批判地"排除在外，并受到嘲笑。

X射线、能量、物质和能量的转换、相对论的数学证明、条件反射等等。从这些实验事实中，从科学数据中，就像从马赛克中一样，编织出世界的整体图景——一个统一的存在图景，一个"从现代自然科学的成就的角度"描述的图景。

但是，为了使这样一幅图画不至于解体成为独立的和个别的"实验数据"，这些碎片必须以某种方式被粘合在一起。但以什么方式呢？有必要找出所有这些单独碎片的共同点。它们是如何相似的？我们必须找到"一般规律"，"一般原则"，让所有的"实验事实"都服从于它。如何看出两个不同的事物和事件之间的共同点？如布莱里奥飞越英吉利海峡和条件反射；物质的能量理论和劳动生产率增长的规律。他们有什么共同之处呢？

发现共同点意味着让我们发现"整个世界进程"所服从的普遍规律。这意味着，让我们为整个世界创造一个统一的、一元论的存在图景，和"彻底的科学"图景……

苏沃洛夫写道："在调节世界进程的规律中，特殊的和复杂的变成了一般的和简单的，所有这些都服从于发展的普遍规律——力量的经济规律。*这一规律的实质是，每一个力量系统的支出越少，它的积累越大。消耗不大于积累，系统就能保持和发展。*运动的平衡，很久以前就引出了关于客观目的性的理论。太阳系、地球现象的周期循环、生命的过程，由于它们内在的能量的积累而不断发展，这就是他们内在的经济性。力量的经济性规律是所有发展的———无机的、生物的和社会的——统一原则……"

"我们的'实证主义者'和'现实主义者'编造'普遍规律'的速度竟是如此之快！" [45]

上面引用的对苏沃洛夫论点的讽刺性评价，显然来自列宁。

是的，这些"普遍规律"确实很容易被炮制出来。只需要一件事——找出两个看起来如此不同的事物有什么共同点；让我们举例来说，镭的放射性和进行劳动。

---

[45] 《列宁选集》第 18 卷，第 331-332 页。

俄罗斯马赫主义的"鲸鱼"就是这样产生的。

现在谈谈第三只"鲸鱼"——*组织*。关于这个"原则"，情况有点不同。如果说，在平衡和经济方面，俄国马赫主义者过去和现在都是他们西方老师的勤奋学生。那么，正是在这里，他们表现出最大的思想独立性。马赫主义的出发点是，根据这一命题，"我们的经验"的所有现象都明确地分为两类：一方面是"大混沌"，另一方面是"组织原理"。根据马赫的观点，"大混沌"是整体的、无组织的、交织的和闪烁的，从人一开始出现在地球上，这些就降临到他身上；它是感觉、印象和感官的无序流动，构成了现实世界向这个无定形的个体呈现自己的形式。将其秩序、法律和规则强加于世界的"组织原则"的不是别的，而是思维。

这就是波格丹诺夫的社会组织化经验的起源，也是经验一元论的起源，它是由思想从独立个体的最初无组织的、经验的、混乱的元素中建立起来的。然后，天真的人们把这幅图景当作现实世界，当作事物本身的世界，因为它们存在于自己的组织活动之前，并且独立于自己的组织活动。

这种概念的理论基础是经验主义的自我逻辑，它主要关注的是机械系统。对系统的研究被简化为挑出各部分之间稳定重复的相互作用，被简化为不是针对一个过程而是针对一种状态的思考。在这里，认知活动的结果包括固定对象的、抽象的、一般的定义，这些定义只适合于分类的

需要，以及实际的、功利的使用。经验主义的逻辑，或者
说，在思想中再现机械系统的实际设计的逻辑，是相当有
效的，并产生了巨大的实际利益。但是，只有在理论家和
实践者处理机械系统的情况下才是如此。这种受对象科学
范围限制的思维方式，在波格丹诺夫眼中发展成为一般思
维的普遍框架。所有其他类型和思维方法都被视为给定
（经验）逻辑的反向形式。

对波格丹诺夫来说，这种逻辑的最适当类型似乎是建
筑工程师的思维和活动。事实上，正是工程师把现成的部
件组织成某种系统，从完成另一个目标。建筑工程师看待
人就像他看待他正在建造的结构中的部件一样。因此，他
只对那些能否适应工作、适应正在建造的小型或大型机器、
适应机制或机器系统的要素感兴趣。

对他必须用来组织和建造他的项目的那些部件和材料，
关于它们的客观属性的解释，并不是他关心的问题，而是
由物理学家、化学家、生理学家来关心的。他把后者收集
起来的数据看作是他自己的、特殊的建筑活动的半成品，
看作是他组织活动的原材料。他主要关心的是设计、发明、
创造、组织、选择和装配，把现成的零件拆开然后装到新
的复合体中，精确地打磨零件，并使他们在装配中处于相
应的位置……

因此，波格丹诺夫的哲学与其他哲学不同，它固执地停留在我们这个世纪技术官僚的幻想中。这些幻想是对各种类型技术的偶像化——从火箭设计到牙医科学、从炸弹投射到录音技术。通过这种方法，工程和技术知识分子，无论是在他们自己的眼里还是在别人的眼里，成为了一个特殊的阶级，成为了新的圣徒。

波格丹诺夫在其名为《工程师门尼》的小说中对这些"半神"、这些进步的组织者和创造者，进行了有趣的描绘。

列宁曾在给高尔基的信中提到这本小说："我读过他的《工程师门尼》。同样显露着马赫主义和唯心主义，以工人和愚蠢的《真理报》编辑都不明白的方式隐藏起来。他真是一个顽固的马赫主义者……"

是的，在写小说时，波格丹诺夫试图"掩盖"他的马赫主义，不是用理论文章的语言，而是用艺术形象的语言来表达。在这里，马赫主义很少是以文字公开讲述的。出现的是关于工程师在历史发展中的作用，和他们的思维方法比其他所有形式的思维方法都优越的乌托邦式的宣传。

小说中的工程师门尼被赋予了神的化身的所有特征，这完全符合俄国马赫主义的造神倾向。这是超级工程师成为最高组织者的人格化理想。波格丹诺夫不遗余力地描绘他的大脑的超人力量、超人意志、绝对无私、以及组织天赋。

这部小说首次出版于 1912 年，对于了解波格丹诺夫哲学的演变，它给我们提供的材料并不比《红星》少。

在小说中，我们再次见到了列昂尼德。"在我经历了《红星》一书中描述的事件之后，"他说，"我再次生活在我的火星朋友中间，我正在为我所珍视的事业而努力，那就是把我们两个世界结合起来。"

"火星人已经决定在不久的将来不对地球的事务进行任何直接的干预；他们打算暂时将自己限制在对地球的研究和让地球上的人类逐渐熟悉火星的更古老的文化上……在火星殖民协会内，成立了一个特别小组，负责在地球上传播新文化。在这个小组中，我担任了最合适的角色，即翻译员……"

首先，这个传播超科学知识的秘密组织选择了将"历史小说"翻译为地球上的语言……一部来自与地球文明的现阶段——资本主义的最后阶段——大致对应的时代的小说。它所描绘的生产关系和类型与我们的相似，因此对地球上的读者来说相当便于理解。

这部历史小说以描述全火星政府会议的场景开篇，工程师门尼在会上概述了他建造大运河的宏伟计划。在描述了项目的技术和财务方面后，工程师门尼向在场的人提出了最有说服力的论点："除了这些，我还能指出一个更重要的理由来让所有的金融家和雇主支持这个项目。你们知道，在过去的一个半世纪里，不时地出现严重的金融和工业危机，信贷崩溃，商品找不到市场，成千上万的企业被毁，数百万工人失去工作……而同样类型的新一轮的危机，会比以前所有的危机都要大，它将在一到两年后发生。只有扩大市场才能避免这场危机，但问题是，如果不建设运河，扩大市场显然是不可能的。"

经过一定程度的犹豫，全火星政府，也就是雇主和金融家的最高委员会，向工程师门尼授予了他执行项目所需的全部权力。

于是，具有无政府生产状态的早期资本主义让位于国家资本主义，而工程师门尼成为大独裁者。否则，大运河的建设将是不可能完成的。

精明的金融家和雇主同意这样做，因为他们知道他没有侵犯他们的权力："成为部长，或共和国总统，他对此没有兴趣……他甚至不想成为金融世界的主人……他有神的志向。"让我们更仔细地研究火星事件的进一步发展，研究波格丹诺夫关于人类在地球上实现社会主义的"最经济"方式的"科幻"预言。

拥有独裁权力的工程师门尼启动了大运河的建设。市场立即扩大，失业像变魔术一样消失了。超级资本主义阶段已经开始。

但即使有了超级资本主义，阶级仍然存在。两个"纯"阶级是超级资本家和无产阶级。农民这个中间阶层在这里已经消失了，它分裂而分别从属于两端，消失在人们的视野中。

事实证明，工程师门尼的处境十分麻烦——阶级利益之间的差异不断困扰着他。超级资本家偷走了利润；无产者因这种偷窃行为而受到伤害，于是不得不罢工。这极大地阻碍了门尼的伟大计划。怎么办呢？工程师无法找到一个根本的解决办法，因为即使是他这种善良的头脑也没有完全克服早期资本主义心理学残余：利己主义和个人主义。

解决办法是由他的私生子——工程师内蒂找到的，他继承了其父聪明的组织头脑，而从他的母亲——美丽而善良的内莉那里，继承了对无产阶级的爱。他成长于一个简单的工人家庭。

父子俩就修建运河的问题进行了哲学和社会学讨论。他们讨论了超级资本家阶级对资源的掠夺，以及工人的罢工。在这些罢工中，他们看到了对工人时间的侵占，而这些对运河的建设毫无用处……儿子为工人辩护，谴责资本家，父亲则同时谴责这两个阶级。

父亲不能完全理解儿子的态度，但他隐隐感觉到儿子的立场是对的。因此，他最终决定将伟大工程组织者的最高权力移交给儿子。当然，他仍担心他的儿子会采取"片面"的立场来支持工人，从而对工作造成伤害。

但是，令父亲非常惊讶的是，儿子并不想把工程组织者的独裁权杖握在自己手中……他高兴地接受了所有技术方面工作的领导权，但"行政"（即政治）领导权他却转移到全火星政府的代表手中。

他觉得这样的双重权力是解决目前问题的最合理方式，他从马赫和波格丹诺夫的哲学作品中，提出了有利于自己的论据。在这里，波格丹诺夫毫不掩饰地公开地提出了马赫主义。

门尼站起来，在房间里沉默地走了几分钟。然后停下来说："很明显，这样的讨论让我们无从下手，我们接下来要怎么办呢？你是否同意与另一位助手分享全部权力，这样一来，所有的技术控制权将属于你，而所有的行政控制权则属于他？"他不安地瞥了一眼他的儿子。

"非常乐意，"他回答，"这是最合适的方式。"

"我向你表示感谢，"门尼说，"我担心你会拒绝。"

"没用的，"内蒂反驳道，"完全的行政权力会使我处于一个尴尬的境地。我本身作为其中一方的代表，而我所有的同情都属于另一方，在这种双重立场上保持平衡是不容易的，甚至是不可能的。要忠于自己，保持清晰完整的心态，就要避免矛盾的角色。"

门尼开始思考，在短暂的沉默之后说："你在你自己特有的逻辑中是一致的，这一点我无法否定你。"

不能否认的是，他的逻辑确实是奇特的。他们为社会主义的捍卫者提供了完全的权力，包括技术和行政（政治）上的权力，但条件是他不应该公开站在一个阶级反对另一个阶级的一边（站在无产阶级反对资产阶级的一边），他应该努力在他们之间建立"平衡"，并确保一个阶级的利益和另一个阶级的利益一样得到维护。但他不同意这个条件，暗指"行政控制权"一旦落入他的手中，就会迫使他违背自己的阶级同情心行事，会迫使他履行超级资本家阶级代表的职能。

这种落入他手中的"行政控制权"可以而且必须最终用于社会主义改造的利益，但不知为何他从未想过这一点。这个角色对他来说似乎是矛盾的。

如果你选择成为超级资本主义国家的公务员，那就光荣地履行你的职责，这就是波格丹诺夫通过工程师内蒂的形象向读者暗示的。这正是为什么他认为最好的解决方案是将"行政控制"的职能（即解决所有与宏伟建筑有关的政治问题）交给超级资本家的走狗，而自己保留纯粹的技术领导，解决纯粹的工程任务。

聪明的火星超级工程师们理解了地球上没有人能够理解的东西。他们认为，所谓的社会问题，从根本上说，实际上是工程和技术问题。而这些问题应该由工程师、科技精英的代表来解决，因为只有他们才有能力以合适的方式研究这些问题。

从这一点上看，所有的事情都是如此。那些被认为是外部世界的客观形式——如空间、时间、价值、资本等等，都只是集体组织的经验的"恋物"形式。它们是保守意识的固定形式。不是个人"我"的意识，完全不是！而无一例外地是大写的意识、所有的人的意识。它产生于社会意识，并通过习惯和传统的力量得到加强。

　　在意识之外，没有时间、空间、价值、剩余价值。这些只是"感觉的稳定复合体"，它们的"关联"模式是所有人共享的整个世界的统一图景的一部分。为了"科学地理解"这些综合体，有必要把它们分析成"元素"（感觉），然后再一次把它们组装成新的"复合体"。但只能根据数学上不矛盾的图式和算法，根据仔细思考的合理组织方案来进行。

　　正是根据这种模式，超级工程师门尼和内蒂首先组织了无产阶级和资产阶级的意识，然后组织了与之相应的经济、行政和文化生活体系。

　　这绝不是简单的文字活动：在《工程师门尼》中，波格丹诺夫"艺术地"解释了这片土地上的形势，并"尝试"了在不久的将来那些为社会主义的支持者准备的角色。他在小说中描述的对未来事件的构想解释了他和他的追随者在1917年的立场。

　　他们的立场的实质如下。二月革命在这片土地上建立了资产阶级民主的政治制度，并解决了1905年的主要问题。在那个时期，俄国无产阶级不仅力量薄弱，人数少，而且受教育程度低。因此，所有关于夺取权力并进行土地社会主义改造的言论都是乌托邦式的、不现实的。权力——"行政职能"，必须留在"资产阶级民主派"手中，也就是克伦斯基、古奇科夫[46]和米留科夫[47]手中。我们有理由担心这个全俄政府是否能保证生产力的迅速发展，并引导国家走上科技进步的道路。我们必须用我们所掌握的一切手段帮助它，把我们所有的科学技术知识用于工作，从而使生产力和无产阶级力量的增长成为可能。

通过利用现在赋予它的"民主权利"，无产阶级必须在文化上成长，掌握科学，并为它获得权力和执行"行政职能"的时刻做好心理准备。到那时就可以认真谈论俄国的社会主义了，但是现在还为时过早。

在那之前，只有一条路——国家资本主义，它被认为是最"平衡的制度"，符合所有必要的标准：矛盾最小化、平衡，和经济最大化。

然而，地球上的人类显然不想按照"火星"的计划来发展社会主义。俄罗斯人民在无产阶级的领导下，尽管其"人数

---

[46]【亚历山大·伊万诺维奇·古奇科夫，十月党创建者，国家杜马主席，二月革命后首任陆军与海军部部长。古奇科夫于 1905 年革命期间创建十月党。二月革命后劝说沙皇退位，担任陆军与海军部部长，因支持"把世界战争进行到彻底胜利"，引发临时政府第一次危机后下台。随后支持科尔尼洛夫兵变，并在十月革命中支持白军，战败后流亡法国。】

[47]【帕维尔·尼古拉耶维奇·米留科夫，立宪民主党创建者，二月革命后临时政府首任外交部长。米留科夫于 1905 年创建立宪民主党，在一战期间持护国主义态度。二月革命后担任外交部长主张保留君主制，并在外交活动中声称"把世界战争进行到彻底胜利"，引发临时政府第一次危机后下台。十月革命后在白军中任职，战败后流亡法国。】

少"且"缺乏教育",还是进行了十月革命,将"行政职能"以及"科技领导"的全部权力掌握在自己手中,并开始了国家的社会主义改造。

列宁是这个过程的领导者。他的思考方法保证了他对已经出现的具体的历史情况以及其演变的必要趋势有一个清晰和客观的认识。这使他能够在国家和世界发展的实际矛盾中确定自己的方向,从阶级斗争的经验中得出真正合理的结论,并找到通往社会主义的道路。因此,事实证明,列宁的党处于自发发动的革命洪流的前端,而不是尾端。

波格丹诺夫的马赫主义哲学呢?它暴露了它的无用性,它"与真实的历史进程不相称",它完全无法理解真实历史的趋势——是向前还是向后,是向右还是向左,这就是俄国马赫主义者在 1917 年 2 月至 10 月所处的状态。

列宁在描述《新生活报》此时它是波格丹诺夫、巴扎罗夫和一些和他们有同样想法的人的避难所)的立场时,是这样定义的:"……其中没有经济、政治或任何其他意义","……只有那些因革命而感到恐惧的人的自怨自艾。"[48]

谈到《新生活》的作家们,列宁告诫他们:

---

[48] 《列宁选集》第 26 卷,第 119 页。

"坚持你的'计划',我的好公民。因为这里不是政治,也不是阶级斗争,在这里你可能对人民有用。你们的报刊有大量的经济学家。请你们与那些准备开始研究生产和分配的问题的工程师和其他人员联合起来,在你们的大型'设备'(报纸)上用一个增刊来研究关于银行和辛迪加对俄国产品的生产和分配 - 这就是你们为人民做出贡献的方法,这就是你们挽回两头落空且不造成损害的方法,这就是与'计划'有关的工作类型,它不会引起工人的嘲笑,而是感激。"

如果说你们不能,不想,或没有勇气在自己内部把"技术领导"的职能与土地的"行政"(即政治)领导的职能结合起来,那是你的选择,没有人强迫你。但是,不要纠缠在那些已经清楚地看到国家所处的历史形式本质并且提出了完全的权利要求人的腿边。

"无产阶级夺取政权后将采取以下行动:它将把经济学家、工程师、农学家和其他人置于工人组织的控制之下,以制定计划并对其进行验证,寻找通过集中化和节约劳动的手段,寻求最简单、最廉价、最方便和最普遍的控制措施和方法。为此,我们将付给经济学家、统计学家和技术人员丰厚的报酬……但是如果他们不认真地、完全为了工

人*的利益*完成这项工作，我们就不允许他们吃
饭。"[49]

这就是列宁如何替代了工程师门尼的位置，列宁在"七
月前不久"与一个工程师进行了对话。列宁没有说出他的名
字，但我们可以肯定地说，这是 1905 年真实的人物之一，
他是波格丹诺夫的列奥尼德的原型。

"这位工程师曾经是一名革命者，他曾是社会民主
工党甚至是布尔什维克党的成员。现在他要么完
全被吓坏了，要么对汹涌的工人运动感到愤怒。
'如果你们能像德国工人那样就好了，'他受过教育
并在外国待过，他说，'当然，我总体上理解社会
主义革命的必然性，但对我们来说，在战争带来
的工人水平降低的条件下……这不是革命，而是
深渊。'

"如果历史只是像德国列车进站时那样和平、安静、
顺利和准时地走向社会主义革命，他就会准备承
认社会主义革命。售票员打开车门宣布：'社会主
义革命站到了！Alle aussteigen（所有人都出
来）！'当时由于某种原因，他不想从 Tit
Tityches[50]的工程师职位转到工人组织下的工程师

---

49 《列宁选集》第 26 卷，第 118 页。
50 【Tit Titych 是亚历山大·奥斯特洛夫斯基的喜剧《肩负他人的麻烦》

职位。"51

是的，这就是他，这就是那个 N·列昂尼德，就是那个莱尼，就是波格丹诺夫在写《红星》时塑造的俄罗斯社会民主主义的理想代表。正是波格丹诺夫借用这位工程师的思想刻画出了自己的"哲学"

1905 年，他用以下方式表达了这位虚构的工程师的基本思维原则。

"没有内在矛盾、完全和谐的发展，对我们来说，这只是一个边界概念，表达的是我们从经验中知道的趋势，它将使发展过程摆脱矛盾。因此，要清楚地表述和谐的发展过程，只能将最接近它的具体实例与那些缺乏和谐的实例进行对比。

"在当今社会，大规模的资本主义企业可以是高度组织化、灵活、全方位的实例，特别是从劳动技术的角度来看。"52

这就是波格丹诺夫梦想重建和创造"新世界"所依据的"理想模式"。从大规模的资本主义企业，特别是从劳动技术的角度来看，这个模式非常现实。

中的富商。列宁将这个绰号用于资本主义大亨。】
51 《列宁选集》第 26 卷，第 119 页。
52 波格丹诺夫（1905），《新世界（文章 1904-1905）》，第 89-90 页。

自然，当你试图借助于这种"哲学"来思考除现成的机械结构之外的其他东西时，只会感到困惑。

对于研究真正的发展过程（无论是在自然界、社会中还是在意识形态领域）来说，这种逻辑是没有价值的，因为发展过程在任何时候和任何地方都是通过矛盾的产生和随后的具体解决而发生的。波格丹诺夫从来没有想过，"没有内在矛盾的发展"和"圆形的正方形"一样，是荒谬可笑的。然而，恰恰是这种荒诞性成为了他理论构建的基础。他支持发展，但反对这个无可辩驳的事实：发展中可能存在各种类型的矛盾。

因此，他不是把社会主义理解为解决实际阶级矛盾的历史发展方法，不把它理解为解决无产阶级和资产阶级之间的物质的、客观的矛盾的革命手段，而是理解为某种数学上不矛盾的模式，这种模式是从外部（即由强大的意志）强加给人们的。

不言而喻，从这种对社会主义道路的概念看，1917 年的事件绝对无法理解。因为一般来说，马赫主义（经验主义）的知识和逻辑理论，不允许在精确的科学概念中研究任何种类的物质（这里指的是经济）矛盾。如果他们先验地宣称，所有的矛盾都只存在于社会意识领域，在"意识形态"中的"集体组织的经验"中。而且如果这种"意识形态"被进一步解释为口头表述的思想体系和"常用语系统"（如高尔基笔下的克里姆·萨姆金所称），那么怎么能期待他们理解现实中发生的事情呢？

让我们想象一下，在 1917 年的条件下，一个人开始相信这种"最新的哲学"，并试图根据这种哲学的公理和借助于它所规定的思维逻辑来选择自己的人生道路。自然，选择人生道路的问题变成了：我更喜欢哪种"思想体系"？哪一个更符合逻辑？在心理上更有说服力的？哪一个更完美？哪个更有力量？

但这取决于你如何选择你喜欢的东西。马赫主义哲学既不提供也不推荐任何其他标准供你选择。或者说，它确实提出了一个建议：以一种不矛盾的方式和谐地协调所有思想的系统，使之成为一个"复合体"。这个系统能够在所有实际上相互冲突和碰撞的系统间寻找"共同"的东西，在消除了所有的分歧和矛盾后，在消除了它们之间的差异后，该系统得以成型。这是一个对所有人都通用的系统，这将是一个表达理性内核的、不变的、不容置疑的、客观的系统，它如同水壶一样承载了沸腾的分歧之水。

他们认为，所有关于这些"体系"与客观实在相对应的、与独立于意识之外的历史发展的事实相对应的，都是"哲学文盲"的废话。事实上，存在于口头组织的经验系统之外、并独立于该系统现实（即在唯物主义意义上的客观实在）的概念，以及其中包含的客观矛盾的概念——都是有害的意识形态。而与这种意识形态有关的简明符号是"物质"这个术语，必须坚决地把它从社会意识、意识形态和科学概念中驱逐出去。然后才有可能构建、组织和建立一种"系统"，一种"无产阶级意识形态"、"无产阶级的科学"和普遍原则。

而在无产阶级构建和掌握这种科学之前，工人最好不要采取任何独立的政治行动，而应把国家的"行政"领导权留给那些对领导技能体系的掌握远胜于无产阶级的人。

关于历史发展道路的类似概念也包含在马赫主义（经验批判主义、经验一元论、经验符号论等等）的观点中，该观点在 1908 年由《马克思主义哲学论文集》的作者们集体论述。

列宁在 1908 年已经清楚地看到了这一点，在阅读他的书时必须始终牢记这一情况。只有在我们上面试图概述的广泛历史背景下，才有可能真正理解他的整个论证体系的意义，理解他对马赫主义的激烈论战的意义，理解列宁对物质、反映、真理和客观等真正的马克思主义哲学基本范畴的理解的意义。只有这样，我们才能理解科学和理论认知中的绝对和相对概念。

是的，这里的讨论最主要集中在对辩证唯物主义哲学的公理基础的解释与捍卫上，把重点放在了唯物主义上。但是，如果因此得出结论，认为本书只致力于概述那些与一般唯物主义有关的立场，即与任何历史形式的唯物主义有关的立场，因此决不是描述辩证唯物主义的具体特征，那将是一个巨大的、原则上的、荒谬的错误，一个直接阻碍了对文本忠实理解的谎言。它割断了唯物主义和经验批判主义与《哲学笔记》之间的有机联系，导致了对《哲学笔记》的错误理解，导致了对直接涉及唯物主义辩证法本质相关论述的错误理解。

三、作为革命逻辑的辩证法，哲学和自然科学

1908 年到 1917 年的革命进程，彻底粉碎了俄国马赫主义者在社会和政治思想领域的自负。事实证明，在他们的哲学基础上，他们没有能力在革命运动中建立任何影响力，更不用说建立一个在理论上和政治上能够领导这一运动的政党。全国的进步力量中没有一个人，也没有一个真正革命的无产阶级，认真对待他们的哲学。

历史的发展过程清楚地表明，他们的思维逻辑只属于那些完全失去理智的人。这种逻辑注定无法给出一个有科学依据的政治方向。

但波格丹诺夫以及马赫的其他俄国弟子，恰恰把科学自诩为自身立场的本质。他们一本正经地认为，马赫的哲学构造是"20 世纪自然科学的哲学"，它具有"严格和一致的科学方法的力量"，而真正的马克思主义观点就应该包括对"科学方法"的定位及其在社会生活认知中的应用。

对自然科学权威的呼吁是他们论证的主线。"人们可以从马赫身上学到很多东西。在我们这个风雨飘摇的时代，在我们这个被鲜血淹没的国家，他教给我们的最有价值的一课是：平静稳定的思想，严谨客观的方法，对一切信仰进行无情的分析，以及毫不留情地消灭一切思想偶像"，波格丹诺夫和他的同事们总是这样说。

因此，无论普列汉诺夫对马赫主义作为术语上伪装的贝克莱主义的批评在形式上多么无可指责，它对马赫主义者几乎没有留下任何印象。他们会说，"谁在乎呢……我们的哲学才不是'霍尔巴赫男爵[53]'标准或'黑格尔口语式的小玩意'。这丝毫不会让我们感到不安和困扰，我们的力量在于我们与当代科学思想的原则保持一致。

毫不奇怪，波格丹诺夫认为只要用一句话把他的支持者从普列汉诺夫的批评中撤开就足够了，他甚至不想研究后者针对马赫的"论战伎俩"，这些伎俩指责他是唯心主义甚至是唯我论。他说："这些都是无稽之谈，与争论的本质无关。即马赫教给人类的是'20世纪自然科学的哲学'，而普列汉诺夫留下来的是霍尔巴赫男爵般的、公式化的'18世纪自然科学的哲学'。"

"现代自然科学"，"当代自然科学家的思维逻辑"，这是俄国实证主义者在反对唯物主义辩证法的战争中的基本"滩头"。只要他们坚持这个立场，任何哲学论证都不会对他们产生影响。而这正是普列汉诺夫和他的弟子们所不理解的。更准确地说，他们无法理解这样一个无法忽视的事实：马赫主义者在所有著作中大声宣称，他们的哲学是"现代科学的哲学"，是对现代科学成就的哲学概括。

---

[53] 【霍尔巴赫男爵，十八世纪法国启蒙思想家，哲学家。】

普列汉诺夫对这方面的问题保持沉默，而马赫主义者则高兴地将此解释为有利于他们的论据。他们把普列汉诺夫的立场说成是反动分子的立场，说他阻碍了"用精确的或积极的科学方法来丰富"马克思主义进程。

因此，在列宁加入论战之前，对于一个没有彻底研究过论战实质的读者来说，情况看起来是这样的：一方面是普列汉诺夫-奥尔托克斯[54]-德波林[55]的"学派"，他们既不知道也不关心在政治中了解和应用"精确科学的方法"，顽固地试图在马克思主义中强化陈旧的概念，而这些概念已经被 20 世纪的自然科学彻底驳倒；普列汉诺夫的这一学派和唯物主义辩证法之间划上等号。

另一方面，有一群人正在攻击这个"保守学派"——波格丹诺夫、巴扎罗夫、苏沃洛夫、卢那察尔斯基、尤什凯维奇、瓦伦蒂诺夫、伯尔曼和赫尔丰[56]，他们呼吁将马克思主

---

[54] 【Lyubov Isaakovna Akselrod (Ortodoks)，奥尔托克斯即柳博夫·伊萨科夫娜·阿克塞尔罗德。生于 1868 年，于 1892 年加入劳动解放社，1903 年加入孟什维克。十月革命后主要从事写作和教学工作。1946 年 2 月去世于莫斯科。】

[55] 【亚伯拉罕·莫伊塞维奇·德波林。1897 年加入地下马克思主义小组，1903 年为躲避追捕逃离俄罗斯，并于同年加入布尔什维克。1907 年转向孟什维克，并受到普列汉诺夫的观点影响。但在此期间就反对实证主义问题与列宁达成共识。1928 年重新加入联共（布），并从事哲学方面研究，并于 1929 年当选苏联科学院院士。】

[56] 【赫尔丰，亚历山大·洛夫维奇·帕尔乌斯。1867 年生于俄国。从 90 年代起积极参加德国社会民主党的工作，属党内左翼。20 世纪初又积极参加俄国社会民主党的工作，为《火星报》撰稿，参加俄国 1905 年的革命，同托洛茨基一起提出了"不断革命"论，托洛茨基被捕后，

义与自然科学结合起来，为在自然科学和政治中形成革命的、积极的思想潮流而奋斗。马赫在这里扮演了自然科学革命的权威象征的角色，扮演了在理解自然领域的革命哲学思想的公认领导者的角色。

这种对论证本质的描述包含了相当多蛊惑人心的成分。这种蛊惑通常是不自觉的，因为马赫主义者自己真诚地相信这些论点。实际上，他们的论点确实赢得了那些想要革命但并不十分精通哲学的人的同情，他们被争取到经验批判主义及其变体一边。在工人和科技知识分子中有不少这样的人。这场哲学之战正是为了他们而展开的。

在关于辩证唯物主义哲学和 20 世纪自然科学之间的关系问题的辩论中，普列汉诺夫的沉默被马赫主义者高兴地解释为他们的正确性和他们对普列汉诺夫、对唯物主义辩证法的优越性的直接和无可辩驳的证据。

因此，普列汉诺夫的沉默，以及马赫主义者的大声煽动，给读者留下了对唯物主义辩证法的不利印象。此外，马赫主义者还非常勤奋地试图在普列汉诺夫的著作中发现关于自然科学的特殊问题和其专业术语的微不足道的不准确之处。他们欣喜地寻找普列汉诺夫的弱点，并怀着恶意

曾担任过地下彼得堡苏维埃主席，接着被逮捕流放。一战期间沦为极端社会沙文主义分子，从军用粮食的投机中大发横财。1924 年病死于德国。】

来操作这些东西。普列汉诺夫有时在表述极其严肃的哲学唯物主义命题时存在模糊性，大家都知道这是普列汉诺夫的写作风格，他的文笔具有一种慵懒性。例如，他把感觉定义为一种特殊的"形象文字"。

在整体情景下，这些模糊性也许并不那么可怕，但当它们脱离具体情景时，就会引起对手对他立场的"一致性"和"原则性"的恶意攻击。

这些当然只是小细节。普列汉诺夫立场的主要缺陷是，他忽视了马赫主义者提出的核心问题：马克思主义哲学中，辩证唯物主义、唯物主义辩证法与自然科学的关系，即与自然科学家的思维逻辑进步的关系，这是问题的中心点。当时只有列宁明白这一事实对马克思主义哲学的全部意义。

也只有列宁能够在原则层面上研究这个极其复杂的问题。即使在 70 年后的今天（时间过的真快啊！），它仍然是任何敢于研究哲学辩证法与发展自然科学思想或理论科学之间关系问题的马克思主义者的标准。

当然，列宁在《唯物主义和经验批判主义》中的《最近的自然科学革命和哲学唯心主义》一章，对作为一般实证主义典型的马赫主义给予了沉重打击，他们直到那时还把自己描绘成唯一有权以 20 世纪自然科学的名义、以现代科学的名义制定法律的哲学。事实证明，这一打击对马赫主义者来说是如此的沉重和出乎意料：经验主义批评家已经习惯于认为他们对自然科学的哲学问题具有垄断性，他们没有想到列宁的抨击会来自这个方向。但事实证明，这一抨击目标明确地提出了无可辩驳的论据。

与普列汉诺夫相比，列宁对俄国马赫主义的批评的主要优势在于，虽然列宁同意普列汉诺夫对马赫主义的评价，但他试图研究这种哲学的根源。也就是说，他的抨击不是针对效果，而是针对原因。他没有着手清理花的顶端，而是拔掉了根部。这就是列宁关于自然科学革命章节的主要意义。在这一点上，列宁反对唯心主义的斗争方法对我们今天仍具有根本性和及时性的指导意义。

让我们试着提出列宁反对俄国马赫主义者的斗争中的主要原则，这些原则表明这场斗争与普列汉诺夫对唯物主义的辩护有何根本不同。

"……人们拿起任何马赫主义者的著作或关于马赫主义的著作时，都会遇到自命不凡的吹嘘。比如说新物理学驳倒了唯物主义，诸如此类。这些断言是否有根据是另一个问题，但新物理学，或者说新物理学的一个明确的流派，与马赫主义和其他种类的现代唯心主义哲学之间的联系是毫无疑问的。普列汉诺夫在分析马赫主义的同时忽视了

这种联系，那就忽视和嘲笑辩证唯物主义的精神，

就是只重视恩格斯的文本而忽略恩格斯的实质。"

普列汉诺夫的这种"对辩证唯物主义精神的嘲笑"表现在：在与马赫主义者的辩论中，由于一些考虑（列宁指出，这种考虑是：希望通过把"波格丹诺夫主义"描绘成布尔什维克的哲学而对布尔什维克造成道德和政治上的损害），他把自己的任务限制在证明辩证唯物主义的哲学和波格丹诺夫的哲学是两回事。[57] 他着手证明，辩证法和唯物主义是马克思主义不可分割的组成部分，而绝不是波格丹诺夫的支持者试图向读者暗示的黑格尔和费尔巴哈哲学的遗产。

普列汉诺夫严肃而认真地完成了这项任务。他把马克思和恩格斯的哲学（认识论）观点体系与波格丹诺夫的心理生理学用语体系进行了对比，证明这些是不同的东西，没有任何共同点。要么有马克思主义：没有辩证唯物主义哲学，没有唯物主义认识论和辩证逻辑，马克思主义是不

---

[57] 【这是事实。当时第二国际的领导权处于考茨基领导的德国社民党手中。考茨基本人的唯物主义观点机械论的影子很重，在他日后对十月革命的敌视和恐慌的态度就可以说明问题。但是在 1908 年，无论是布尔什维克还是孟什维克都在第二国际的秩序下，而作为布尔什维克的波格丹诺夫等人正是发现了马赫主义这个逻辑上对现代物理学进行解释并且归纳解决了物理学危机的学说，随即立刻对老旧的机械论进行了攻击。此时普列汉诺夫正是抓住这一机会开展了对布尔什维克的攻击，并且希望借此塑造孟什维克第二国际俄国正统的形象。这也是列宁撰写唯批的历史背景，一方面要维持在第二国际的地位，另一方面也要解决党内的错误思想倾向，同时也在塑造新的唯物主义认识论。】

可能存在的；要么有马赫主义的认识论和逻辑：它们从根本上敌视马克思主义，破坏马克思主义。这是普列汉诺夫证明的真理，在这里列宁完全支持他的观点。

但普列汉诺夫给自己施加的限制削弱了他对马克思主义的论证。而马赫主义者们不失时机地利用了这一弱点。也就是说：在证明马赫主义者的认识论与马克思和恩格斯对哲学问题的真正理解根本不相容时，普列汉诺夫自然地将一方的哲学文本与另一方的哲学文本进行对比，即"恩格斯和马克思的文本"与"波格丹诺夫的文本"。他试图向读者证明，就像二乘二等于四一样，这里有一个不可抗拒的选择，要么这样，要么那样，没有其他选择。

一段时间以来，波格丹诺夫的追随者们甚至没有对这一证明进行争论。不仅如此，他们自己也看得很清楚，并公开承认，他们的哲学构造的"字面意思"与马克思和恩格斯关于哲学、唯物主义和辩证法所说和所写的一切不同。此外，他们认为这是他们相对于普列汉诺夫"学派"的主要优势。他们会说，普列汉诺夫顽固地坚持马克思和恩格斯的每一句话，而他们却在"创造性地发展"马克思主义哲学。他们将使它与自然科学的最新成就保持一致。

普列汉诺夫越是清楚地表明他们的创新与马克思和恩格斯的哲学观点体系不相容，他们就越是大声谈论普列汉诺夫对经典文本的保守性和教条主义，谈论普列汉诺夫试图把在不同时期和不同条件下提出的命题作为绝对的永恒的真理，作为适合于所有时代和任何情况的教条。

这一论点给许多人留下了深刻印象，特别是在社会政治领域最尖锐的问题上，普列汉诺夫到 1905 年实际上已经开始表现出（越到后来越表现出）一种明确的保守主义，一种冻结马克思主义思想发展的倾向。这种情况使马赫主义者有理由宣称，普列汉诺夫是如何为经典哲学的"文本"牺牲了真正的本质，即他们思想的实际逻辑。

因此，争论的焦点不是马克思和恩格斯的具体立场或声明，而是他们提取、阐述、制定和得出共产主义世界观和科学社会主义真理所借助的思维方法。

这种科学思维和研究方法是唯物辩证法吗？还是说它实际上是别的东西？马赫主义者相信，并试图说服其他人，马克思和恩格斯的所有论点只是哲学传统的文本（纯语言、纯术语和形式）遗产，在传统中制定了经典的科学思想，仅此而已。他们说，在科学社会主义理论的创建过程中，包括最重要的基础——马克思主义的政治经济学《资本论》——所使用的科学方法，与唯物主义辩证法从来没有任何共同点。他们还说，他们的哲学才是最"普遍"的科学方法，任何现代科学，特别是物理学，都是凭借它来取得成果。

从现代物理学中，或者更具体地说，从其公认的领导者之一恩斯特·马赫那里学习这种"真正的科学"方法，是更容易、最方便、最经济的。他们坚持认为，马赫在他的著作中披露了现代科学的思维方法的秘密，揭示了《资本论》作者的思维方法的"真正科学"的方面，清除了陈旧的黑格尔式的措辞和术语垃圾。

而普列汉诺夫的批评没有触及社会民主工党中的马赫主义论证的这一方面。也正是因为这个原因，普列汉诺夫对马赫主义的攻击没有达到目的。

事实上，如果马赫知识理论的思维模式，实际上是基于现代物理学取得其所有成就的方法，那么称它为唯物主义或唯心主义又有什么区别呢？换句话说，如果马赫、波格丹诺夫的认识论和逻辑实际上是现代科学、现代物理学、数学等的知识理论和逻辑，那么波格丹诺夫相对于普列汉诺夫来说就是正确的，尽管他与普列汉诺夫捍卫的"恩格斯的原话"不同。

这就是争论的核心。而恰恰是在这里，普列汉诺夫的论证并不完整。他精确地把马赫主义哲学归为唯心主义。他说明了它在社会政治方面是如何的反动，因为"资产阶级反动理论正在打着哲学唯心主义的旗帜，在我们的知识分子队伍中造成破坏……我们受到那些哲学学说的威胁，这些学说在本质上是唯心主义的，但同时又把自己伪装成自然科学的最新成果……"

普列汉诺夫当然是正确的，马赫主义只是把自己表现为"自然科学的最终权威"，实际上与自然科学根本没有任何共同之处。但这需要证明。仅仅说他们无权以现代自然科学的名义说话，然后加上句号，甚至不揭穿这种伪装，在当时的条件下，则意味着对马赫主义做出了不可原谅的让步。马赫主义者把自己描绘成现代自然科学精神的代言人，这当然是一种幻觉、一种欺骗、一场纯粹的蛊惑。但可惜的是，这种幻觉远非毫无根据。这是一种与资产阶级意识和其他自然主义幻觉相同的幻觉。它是一种客观上有条件的表象，由于这种表象，事物的纯社会（即历史上出现的和历史上消失的）属性被当作它们的自然（因而也是永恒的）属性，被当作事物本身的定义，当做它们的科学特征。

马赫主义者不仅把他们的教义描绘成"自然科学的最终权威"，还把包括最伟大的科学家的许多言论作为幻想的基础，把科学家从自己的发现中得出的那些无用的哲学结论作为基础。

"波格丹诺夫主义"作为唯心主义的众多种类之一，其真正来源是现代科学的许多代表在哲学上的无能、在面对工作和困难的哲学问题时的困惑。

在这个例子中，这种困惑是以缺乏唯物主义辩证法的知识，即关于现代唯物主义的实际逻辑和知识理论，以及关于现代科学对周围世界的认知的形式出现的。与此相伴的是把唯物主义辩证法当作唯心主义哲学猜测的错误概念。正如在《唯物主义和经验批判主义》中表明的那样，对辩证法的无知导致自然科学家自发的唯物主义——他们的"自然"认识论立场——堕落为最庸俗、最反动的各种唯心主义和教条主义，而这是由马赫主义哲学家，即教条主义的自觉或自发的盟友所鼓励的。

因此，列宁得出了他随后多年对大多数科学家的策略：顽强地、持续地把他们争取到自己一边。这在当时和今天都意味着：把他们争取到辩证唯物主义的一边，争取到唯物主义辩证法的一边。否则就不可能克服唯心主义，就不可能克服对现代科学技术成就的唯心主义的反动解释。

在大多数科学家理解并能够自觉地把唯物主义辩证法作为知识的逻辑和理论应用于自己的领域之前，唯心主义将从自然科学本身的发展中生长出来。人们的信任被那些反动的唯心主义流派所利用，"波格丹诺夫主义"就是其中之一。

马赫主义（以及更广泛的实证主义）唯心主义哲学的优势在于许多现代科学家在哲学上的弱点。是列宁鼓起勇气告诉他们这个他们觉得很不愉快的事实。列宁完全认识到这个痛苦的事实可能会伤害他们的自尊心，但他选择毫无保留地直接说出来。公开做出这样的论断需要相当大的道德勇气，尤其是当面告诉现代最伟大的科学家：在知识理论和逻辑方面，他们还没有学会如何以真正科学的方式进行思考。

但核心问题不仅是列宁个人的道德勇气，而是他在《唯物主义和经验批判主义》的每一页上捍卫的哲学原则。他的出发点是，人们认为最痛苦、最不愉快的真相，从长远来看，比最愉快、最谄媚的谎言和假话对他们更"有用"。这一观点完全符合唯物主义本身。

马克思主义世界观的基本和有意识的哲学基础，要求对以现代自然科学的名义所说和所写的一切采取批判的态度，包括其最大的权威，即"新物理学"代表的声明。

例如，1908 年的马赫和庞加莱——当时理论物理学界的头号明星。

列宁认为有必要对他们，而不是对科学界的无名之辈们说：

"这些教授能够在化学、历史或物理学等特殊领域做出非常有价值的贡献，但在谈到哲学时，他们却*完全不可信*。为什么呢？因为同样的原因，*没*

*有一个*专门领域的政治经济学教授，能在涉及到
一般政治经济学理论时，作出令人信服的成果。
因为在现代社会，后者和认识论一样，是一门有
党派色彩的科学。"

实际上，当涉及到认识论、逻辑或科学思维方法时，
自然科学家的任何一句话都不可信，因为他们并非研究这
个领域。因此他们陷入迷茫，跟跟跄跄，不断跌入唯心主
义的圈套，跌入本质上反科学、敌视一般科学（包括他们
自己的专门科学）的哲学立场。而即使在这样的条件下，
他们仍然是他们自己的、专门的领域中的重要理论家。

这是悖论吗？是的，同样的悖论充斥着整个历史，特
别是科学史。在仔细的哲学和理论分析基础上，列宁揭示
了这个悖论的本质。他说明了这种不自然的结合是如何形
成的：作为物理学家和科学家（化学家、生物学家、数学
家和其他人）的科学思维与对其工作本质的不充分认识的
结合，对他们自己思维的实际规律的反科学的理解。认知
具有客观规律，无论个别科学家怎么想，无论他们是否意
识到这一点，认知活动作为一个整体和在其单独领域都最
终服从于这些规律。

实际上，科学家们在不断地思考，无论他们宣称怎样
的逻辑和知识理论（马赫主义），他们都按照自己的方式
进行思考。因为他们是在事实的积累和无可争议的实验数

据下，即在思想及其规律的完全物质条件的作用下这样做
的。真正从事认识自然过程的人（包括马赫、杜亨、皮尔
逊等人），如果从他们从事科学研究的逻辑和知识理论来
看，马赫主义哲学的"概念化操作"不仅无法解释他们的科学，
而且根本不符合规律。

根据明确和一致的唯物主义知识理论，这种情况没有
什么神秘的。它们只是形象地表明，所有发生在意识（社
会意识）中的进步、进化和革命，无一例外都是由这样的
事实决定的：这种意识在其自身的发展中被迫服从于一个
更高的权威，服从于"事实先生"的权威，或者更准确地说，
客观实在和事实是独立于意识（心理、精神、思维，不管
它们如何被进一步详细描述）并存在于意识之外的，是事
实的具体积累。后者在哲学语言中被称为物质世界，或者
为了简洁起见，被称为：物质。

在现实中，当研究工作实际进行时，任何严肃的科学
家的思维正是受这种认识论的支配，并且只有在它实际受
这种支配时才能保持其科学性。因此，列宁完全有理由坚
持这样一个观点：自然科学在过去采用了唯物主义知识论
的立场，并且在今天仍然采用这种立场。

另一个问题是，不同的科学家对其工作的基本原则所
采用的口头（术语）形式，现在和将来都被证明在哲学上

是不精确的、不充分的或不正确的。而哲学上的唯心主义则坚持这种语言上的不精确性。

哲学唯物主义（关于知识的唯物主义理论，从物质上理解的逻辑）严格地、批判地区分科学家在其专业领域的实际工作和他们如何谈论自己的工作方法。另一方面，唯心主义（尤其是 20 世纪实证主义），总是只针对科学家的只言片语作为他们专业分析和哲学工作的"初始数据"。

当然，唯心主义者的注意力不仅仅集中在话语上，还集中在那些能够用来加强对认知自然的真实过程的，并能够以唯心主义的方式解释这一过程的术语上。因此，那些在科学家自己的口中是认知道路上的不正确的术语，被作为其本质的精确表达和从自然科学中得出的结论提出。

这样的断言并不罕见，特别是由于唯心实证主义者恰恰试图用哲学上不确切的、糊涂的和不正确的术语来武装自然科学家，并作为现代哲学的权威道理提出。这就成了一个封闭的圈子，造成了这样的情景：是自然科学驳斥了唯物主义和辩证法，而"自然科学哲学"（实证主义更喜欢称自己为"自然科学哲学"）只是朴素地概括了自然科学真正的认识论立场。

为了制造这种印象，实证主义者向科学家们灌输了一系列关于物质和意识的糊涂概念。同时，他们试图用原始的、天真的、非启发式的和过时的标签来诋毁唯物主义哲学概念的简单、清晰和完整的定义。[58]

其结果是，20世纪的实证主义者取得了相当大的成功，大多数科学家目前生活和工作的整个环境，"使他们与马克思和恩格斯疏远，把他们扔进庸俗官方哲学的怀抱……最杰出的理论家都因对辩证法的无知而遭遇困境。"

列宁在70多年前说的这些话，即使在今天，对于资本主义世界和其中的科学家来说，仍然是绝对正确的。

此外，资产阶级意识形态对科学家思想的攻击，在当时和现在都以诋毁唯物主义和辩证法为基本目标。如今在方法上更加集中、更加持久、更加精细。

---

[58] 【这一点我不完全能赞同，马赫在科学观上对解决经典物理学危机是很重要的。在马赫之前西方科学家认为通过数学构建出来的那些公式是反应真实世界的内在逻辑，而马赫提出的思维经济原则，讲这些数学公式是人描述世界的方式，是科学思维的产物。这就得以让经典物理学和后来发现的新的诸如量子力学、相对论这些新的物理学模型兼容。在科学观的更新上的确是至关重要的，并且沿用至今。这就是为什么进入了现代物理学之后，我们也只是认同包括量子力学、相对论在内的一众理论都是对现象的数学逼近或者推测，不能真实反应世界的运行规律，所以哪怕是目前的现在物理学被推翻了也不会造成如同经典物理学危机一样的事件了。但是他们的确模糊了物质的概念，并且从这一点上怀疑甚至否认了唯物主义。而正是列宁的唯批拯救了物质"material"这个概念，使他摆脱了单纯的物理学意义。】

现代实证主义已经把创造更新、更多的人工术语提升到更高的层级，以至于波格丹诺夫时代的马赫主义已经显得落后了。1908 年，这种风格刚刚流行起来，它只在实证主义思想领域里产生了萌芽，但列宁已经觉得有必要把它处理掉，因为这不是天真的幼稚话语或简单的文字游戏，而是更糟糕的东西。他在其中看到了创造一种特殊的术语体系的趋势，以至于用这样的术语体系来表达唯心主义谎言是很方便的，让人无法分辨。

这种术语是以一种非常简单的方式创造的：刻意模仿自然科学中的一种专门的语言，比如物理学、数学或生物学。模仿科学家语言的特殊性，通常是简单地从他们那里借用单独的术语和整个词组，慢慢地衍生出不同的含义。因此，实证主义者的哲学（即认识论）构造对科学家来说似乎很好理解，只需要自然科学家的现有概念，即他所习惯的表达方式作为这种哲学的基本材料。

"要素说"作为马赫主义的一个关键，就有这样的起源。事实上，如果马赫时代的物理学家或化学家被直截了当地告知：你的科学领域实际上是参与研究"你的感觉的复合体"，他不会接受这种术语作为他工作本质的表达。然而，当他被告知他正在研究"要素的复合体"（尽管这被隐秘地理解为感觉）时，他立即理所当然地接受了这个短语，因为他早已习惯于用"要素"这个词来指氢或镭，电子或原子。他接受并且习惯了这种"清晰的"和谄媚的哲学语言，并继续用这种语言说话，即使有一天他不再讨论氢或电子，而是讨论氢或电子的科学认知过程，他也早已习惯了这个语言体系。

正是在这种情况下，出现了令人遗憾的说法，即"物质已经消失了"。第一个使用这句话的是一位物理学家，而不是一位哲学家。为什么？他的逻辑是什么？非常简单。首先，"自然科学哲学"向他灌输了对"物质"一词的理解，赋予它从现代物理学借来的意义，也就是说，在物质和物理学家的现有概念之间加上了一个等号。

物理学家向前迈出了一步，用"自然科学哲学"教给他的语言，为了新的概念而告别了他以前的概念。他以绝对的逻辑"驳斥"了物质的概念，物质已经消失了，因为取代之前被发现的东西不能再被称为物质。

这样一句话不可能出自一个知道物质的正确定义，但不是实证主义定义的物理学家之口。但从一个同意物质的"经验主义科学"定义的物理学家嘴里说出来，它就显得十分自然和符合逻辑。

但是，物理学家使用的这个短语时，只是一个不充分的口头表述，是在认知物理现实道路上向前迈出的真正一步（物理学家在这里只是把"物质"这个词用错了地方）。当哲学唯心主义者使用这个短语时，它就有了非常不同的意义：它从一个实在的不确切表达变成了一个不存在的事物状态的确切表达，而这个状态是由唯心主义者臆想出来的。

列宁认为，在这种情况下，哲学家、马克思主义者的任务是把科学家话语中表达得不准确、不明确的事实揭示出来，用哲学上正确的、认识论上无可指责的语言来表达它。这意味着为科学家本人从哲学上阐明并帮助他正确认识这一事实。列宁对科学家和哲学家的态度完全不同，谈话基调也完全不同。列宁有意识地把谈话建立在这样一个基础：科学家本质上不是哲学家，他们在认识论领域是缺乏知识的，是粗心的和轻信的。

把科学家打成唯心主义者，就像对一个祈求上帝赐予他雨水的文盲农民进行毫无价值的（对革命有害的）公开指责，说他是小资产阶级官僚秩序的意识形态帮凶和反动的思想家，这无疑是卑鄙的和愚蠢的。但对于牧师来说，情况就不同了。他们不是那种和农民一样有着天真信仰的可怜的乡村牧师，而是懂得拉丁文、托马斯·阿奎那、康德、受过教育的牧师。他们是唯物主义和革命事业的敌人，像寄生虫一样，无知和迷信地活着。

时至今日，仍然具有高度启发性的是，列宁有能力在最伟大的科学家不断发现的不正确的哲学表达方式，与实证主义作品对这些表达方式的使用之间，划出一条明确的界限。

如果在自然科学家中没有这样的错误表达方式，唯心主义者就很难把自己的理论牵扯上科学。如果发现了这样的表达方式，唯心主义就会获得一个形式上和语言上的基础，把自己描绘成现代的、20世纪自然科学的哲学。列宁写道："唯心主义哲学家们，在科学家们的表达中挑出最轻微的错误，以证明他们自己对唯心主义的辩护是正当的。"[59]

因此，科学家在使用专门的哲学"话语"时稍有不慎，对自然科学来说，就可能隐藏着巨大的伤害。他们的失误对科学推理的过程没有立即造成特别的伤害，这就是为什么自然科学家不倾向于把它们看得太严重。

列宁甚至试图去寻找自然科学家"物质消失了"这样的话语中的理论内核，试图揭示出这些短语背后的现实基础，但列宁也不会放任这些话语在哲学领域的重复。无论这种说法在哲学领域背后隐藏着多么微小的合理内核，列宁都不会去探寻。对于作为哲学家的马赫与作为物理学家的马赫不能一概而论。因此，列宁一般不说马赫的纯物理观点的优点或不足，而是留给物理学家判断。但马赫作为《感觉的分析》和《知识与谬误》的作者，则应该在一套完全不同的规律基础上遭受列宁最严厉的批判。

---

[59]【我非常认同，这格外重要。另外其实也说明了很多科学家为什么会天然的堕入保守主义和唯心主义的阵营中。】

即便如此，马赫仍然是一位优秀的物理学家。但他的哲学弟子与物理学或其他科学认知领域都没有关系，无论他们如何熟知物理学，都只是看到了它在马赫哲学的曲面镜中被唯心主义扭曲的形象，都只是从马赫本人和他的追随者的话语中，盲目地、奴役地相信他的话。通过将所有的哲学概念与现有的（因此自然是短暂的）科学知识状态联系起来，实证主义将这些概念变成了科学发展必须扫除的障碍。

这种对哲学概念的态度与哲学本身的实证主义概念、哲学在科学理解中的主题有机地联系在一起。根据这些概念，"现代"哲学，区别于以前的"形而上学"哲学，只不过是对其他科学所取得的一切成果的概括性总结：它是结果的累积，这些结果被汇集在一个整体中。它是科学知识当前状态的抽象表达，是一种"普遍的存在理论"，仅此而已。这就是前面谈到的被列宁无情批判的"科学一元论"！

> "听听这个！'……社会经济规律不仅是社会科学内部统一的原则，而且是社会理论和一般存在理论之间的联系……'读者，你能明白他们在说什么吗？

> "好吧，好吧，在这里，我们有苏沃洛夫重新发现的'普遍的存在理论'，而在此之前，它已经被许多学者哲学的代表以各不相同的形式发现过多次。

让我们为这个新的'理论'祝贺俄国马赫主义者！我们祝愿他们的下一个作品能让我们看到他们的存在。祝愿他们的下一个工作将完全致力于证实和发展这一伟大的发现!"

就问题的本质而言，所有俄国马赫主义者的特点是希望提出一个统一的存在图景，或者用苏沃洛夫的话说，"一个关于普遍的存在理论"，它完全由现代科学的事实和科学实验数据构成，并仔细清除所有旧的、"不科学的"和"前科学的"哲学残余。伯尔曼写道："只有当我们以最终形式解决任务，即制定出我们可以区分科学真理和谬误的规范时，我们才能够着手解决哲学真正目标的问题——即世界作为一个整体是什么样的。"

正是为了完成这样的任务，马赫主义者对马克思主义关于"标准"的问题的解决办法进行了审查。但这样的审查只是认识论的预热，其目标是建立一个"普遍的存在理论"，一个存在的统一图景，一个关于世界作为整体是什么的理论。

认识论对他们来说只是一种手段，一种构建世界整体图景的工具。这个工具必须事先制作好，并加以磨砺，因为他们都认为，马克思主义中没有这样的工具存在。这些人不认为辩证法是这样一种工具。他们说，不仅是马克思和恩格斯，还有他们的所有弟子，都犯了错误。"这不是很奇怪吗，不仅有一种在科学意义上充分思考的辩证法理论，甚至有了他们称之为辩证法的那些思想的某种精确的基础"，伯尔曼继续表达他的观点。

在莱伊[60]的书中，关于哲学主题的类似推理引发了列宁的强烈反对。以下是这种推理的路径："*哲学为什么不应该以同样的方式成为所有科学知识的一般综合，努力把未知的东西表现为已知的，以便帮助人们发现它，并使科学精神保持其真正的方向？……它与科学的区别仅在于假设了更大的普遍性；哲学理论不是一组孤立的和有限的事实的理论，而是自然界呈现给我们的全部事实的理论。自然系统，正如它在 18 世纪曾经被称为的那样，至少是对这种理论的直接贡献*（在这些话的旁边，列宁用下划线写着：'蠢货！'）"。

列宁之所以如此愤怒，是因为他看得太清楚了。莱伊关于哲学的主题和任务的想法，与波格丹诺夫的想法有着相同的"经典"来源。两者都是马赫和阿芬那留斯的公理的翻版。

这种对哲学任务的理解，自然会使它沦为对自然科学所获成果的简单总结。列宁认为，让读者了解物理学和化学的最新科学事实，了解物质的结构，也就是说，向他提

---

60 【阿贝尔·莱伊，法国哲学家、科技史学家，他成立了索邦大学科学与技术历史研究所，以鼓励科学与人文学科之间的合作。列宁在唯批中大量引述并批判其观点。】

供所有最新科学知识和所有现代科学技术成就的那种概括性的汇编，是非常重要且必要的。然而，列宁既不认为也不会称这种理解为哲学。此外，当这种理解被用来取代马克思主义哲学，甚至被冠以"最新"哲学的名义时，列宁对此感到愤慨。

当列宁提出关于唯物主义的"形式"和它的"本质"之间的关系时是绝对清楚和明确的，并且不允许将前者与后者相提并论。唯物主义的"形式"是由那些关于物质结构、关于"物理世界"、关于"原子和电子"的具体科学观念，和这些观念的自然哲学概括组成的。这些观念不可避免地具有历史局限性，是可以改变的，并且会随着自然科学本身的变化而改变的。唯物主义的"本质"包括承认独立于人类认知而存在并由其反映的客观实在。辩证唯物主义从最新科学发现中得出的哲学结论基础上进行创造性发展，列宁看到的不是对"本质"本身的修正，也不是科学家在自然哲学概括的帮助下对自然和"物理世界"想法的延伸，而是加深"意识与物质世界的关系"的理解，这与自然科学的新观念相关。对唯物主义的"形式"和"本质"之间、"本体论"和"认识论"之间关系的辩证理解，构成了"辩证唯物主义的精神"。

"因此"，列宁在总结对创造性地发展辩证唯物主义问题的真正科学的解释时写道，"对恩格斯的唯物主义'形式'的修正，对他的自然哲学命题的修正，不仅是公认意义上的

‘修正主义’，还违反了马克思主义的基本要求。我们批评马赫主义者不是因为他们做了这样的修正，而是因为他们在批评唯物主义形式的幌子下背叛了唯物主义的本质，这纯粹是修正主义的把戏……"

在无情地抨击波格丹诺夫和苏沃洛夫的哲学概念的同时，列宁始终在每一点上针对马克思和恩格斯作品中的概念进行论述。在马克思主义（辩证唯物主义）的世界观体系中，哲学的存在和发展绝不是为了构建全球或普遍的抽象体系，抹杀每一个差异或矛盾。情况恰恰相反，它的存在是为了对科学问题进行真正科学的和具体的调查研究，真正增加我们对历史和自然的认识。在马克思和恩格斯的观点体系中，哲学为自然和历史的具体认识服务。普遍性和具体性并没有被排除在外，而是互为前提。

这种哲学的唯物主义包含在它把科学思维引向对自然和历史现象的所有客观性和具体性、所有矛盾（即所有辩证特征）以及所有独立于人们的意志和意识的，或独立于他们的身体、大脑、感觉器官、语言或任何其他主观特殊性的理解。然而，在马赫主义和波格丹诺夫的"哲学"变体中，科学思维的方向恰恰相反。它把人的思维引向创造"最大的抽象"，在其"中立"的怀抱中，所有的差异、所有的矛盾和所有的对立面都消失了，这是其认识论唯心主义的直接证据。事实上，"元素"、"逻辑框架"、"抽象物体"、"一般系统"、"上帝"和"绝对精神"，所有这些都只是假名，他们掩盖着同一个东西：唯心主义的神秘意识。

马赫主义者反对马克思主义哲学的整个战略中的主要环节包括：试图切断作为发展理论的唯物主义辩证法与作为知识和逻辑理论的唯物主义辩证法之间的统一，首先将"本体论"与"认识论"分开，然后将两者对立起来，从而破坏辩证法作为哲学科学的本质。他们的设计很简单：在做了这样的分离之后，最容易的是把唯物主义的世界观与任何一种具体的、历史上有限的科学"图景"——与"物理"联系起来，然后把这种"本体论"的缺陷和错误归于所有的唯物主义。另一方面，对唯物主义认识论进行同样的操作，把它与任何最新的"心理"科学概念联系起来。通过把哲学确定为科学事实的概括性总结，就可以声称自然科学本身产生了唯心主义。破坏哲学的特点、概念体系、方法，就意味着把唯心主义归于自然科学本身。列宁揭穿了这些阴谋，清楚地说明了什么是现代自然科学的基本的"唯物主义精神"，这种精神催生了辩证唯物主义。

按照列宁的说法，科学的最新成果本身，或者说"积极的事实"本身，决不是可以进行哲学概括的，也无法因此而纳入哲学知识体系。相反，服从于哲学概括的是科学知识的发展，是对物质世界的辩证过程越来越深刻、全面和具体的辩证理解过程，因此甚至不能排除明天自然科学本身会以"消极"的方式重新评价其结果。在从辩证唯物主义哲学的角度解释自然科学革命的同时，列宁得出了概括性的结论：科学知识的客观内容只有从揭示客观、绝对和相对真理的辩证唯物主义知识理论的角度才能被评价。他表明了"本体论"是如何与"认识论"不可分割地联系在一起的，就像表达真理的辩证性质与客观辩证法相联系一样。如果不对科学知识的"本体论"采取"认识论"的方法，就不可能在"积极？"的概念中包括"消极？"，而不失去对立统一性（而这正是构成辩证法的因素）。列宁认为，真正科学的哲学概括必须包括对认识和实践活动发展的整个历史进行"辩证的再加工"，以及在其整体历史背景下对科学成就的解释。从这样的立场出发，列宁提出了哲学和自然科学之间的关系问题。然而，马赫主义者恰恰指望把唯物主义的真正内容从这个历史背景中剥离出来。

从实证主义对知识理论（认识论）的看法来说，它的计划是把认识论作为一门"严格和精确的科学"，与作为一门哲学科学的唯物主义辩证法相对立，然后根据这种"认识论"来批判辩证法。这个计划甚至反映在伯尔曼的书名中，即《从现代认识论来看辩证法》。然而，从本质上讲，这根本不是一种认识论，而是再次从心理学、精神生理学、感觉器官的生理学等方面的研究中积累了"最新的事实"。将这些事实与"本体论"、与自然界和社会的普遍发展规律隔离开来进行解释，从而将"认识论"与辩证法相对立。

列宁清楚地表明，马赫主义者的经院"认识论"与真正的科学认识论、与实际的人而不是虚构的"认识论主体"，对现实世界的调查理论以及与科学发展的实际逻辑不相容。如果以辩证唯物主义的方式来理解知识理论和逻辑，那么就没有理由担心一味地推进辩证法、逻辑和认识论的一致性会导致"低估哲学作为世界观的意义"或其"本体论方面"。那些把认识论和逻辑学理解为锁定在研究意识事实或"意识现象本身"（不管这是个人或"集体组织的"意识）的人会对此表示担心，他们把注意力放在外部世界对他们的意识体现上。

在本世纪初，列宁是唯一理解并欣赏辩证法作为认识论和逻辑的重大哲学意义的马克思主义者。这是当时考茨基和普列汉诺夫都无法理解的，更不用说其他马克思主义者。

这里有一个不可避免的选择。要么把唯物辩证法理解为人类对物质世界的认识逻辑和理论，以及在个人和人类的历史发展的认识理论，要么它不可避免地被转化为"例子的总和"，这些例子是从不同的知识领域借用的（往往是以绝对不加批判的方式），并且仅说明现成的和先前已知的"一般"辩证法。

这样的方法对于一般公式的普及来说还是不错的，但对于它们的创造性发展来说却并非如此。它既没有一丝一毫地加深对那些被实例（甚至是最现代的例子）所"证实"的辩证法一般理解，也没有加深对那些被用来"证实"的实例的理解。这对哲学和自然科学都有害无益，但它却滋长了这样一种错觉：哲学不是一门科学，而只是把现成的、具体的科学事实抽象地放在一起，用抽象的哲学语言不加批判地复述出来而已。同样地，唯物主义辩证法本身也以典型的实证主义方式被重新解释（实际上被错误解释）。在自然科学家眼里，辩证法就变成了空洞的文字游戏，变成了抽象的虚构，或者变成了将任何喜欢的东西归入抽象和普遍的模式之下。这当然会使哲学在自然科学家眼里失去信誉，让他以轻蔑和居高临下的态度看待它，从而破坏了列宁关于辩证唯物主义哲学与自然科学结盟的想法。

因此，把辩证法的唯物主义哲学变成"例子的总和"违背了哲学和科学的联盟，反而给实证主义"添砖加瓦"。

按照列宁的想法，哲学与自然科学的联盟，无论是哲学方面还是自然科学方面，只有在相互排除任何企图支配或强迫任何现有结论的情况下，才是自愿且持久的。只有在列宁的哲学概念下，这种为了认识世界的联盟才有可能。但是，实证主义的概念立即把哲学和自然科学推到了相互呵斥和互相排斥的模式中。当哲学被设想为一个普遍的绝对的真理体系时，它不仅有权利而且有义务赞扬那些在形式上（即根据其语言形式）与它教条式的公式最一致的科学理论，还有义务抨击和禁止那些与它的文字不一致的理论，尽管前者可能是基于虚构的事实，而后者才是被实验所证实的，只是在哲学上表达得不正确而已。在这里，哲学只对特定的理论家给予支持，这些理论家在特定时期熟练地使用某些被接受的本体论的术语和措辞。

列宁所理解的认识论（以及马克思和恩格斯所理解的认识论，列宁在阐述自己的观点时与他们完全一致）决不是马赫、波格丹诺夫等人所提倡的"认识论"，也不是在大脑和感觉器官的心理生理学或语言的词汇或句法的微妙之处进行无聊的寻章摘句。它是完全不同的科学，有着不同的主题。

它的真正主题是人对自然和社会历史现象的物质世界的客观认识，和整个历史的辩证发展过程，是这个世界在个人和人类集体意识中的反映过程，而这个过程的结果和目标是客观真理。这个过程是由数十亿人连续数百代实现的，并在每一步都被实践、实验和事实所验证。它体现在整个具体和实证科学的成果中，在物质上不仅体现在大脑的神经生理机制中，而且体现在技术和工业形式中，体现在革命力量的先锋队（也就是党）的领导下自觉进行的社会和政治进程中。

就实证主义的思维逻辑而言，其基本任务被视为以一般形式重建人们在实践中应用与科学有关的研究方法。这

种重建主要是根据那些被认为是科学发展逻辑的精确描述
来完成的，但这些描述本身可能存在很大的谬误。

在"事实先生"的强大影响下，科学家们的思考不仅不符
合公认的规则，而且直接违背了这些规则，他们自己没有
意识到这一点，或者在事后，试图用无法解释的陈词滥调
强行辩解他们的行为。在那些逻辑上的诡辩显然行不通的
情况下，他们依靠直觉、猜测、启示来强行解释。

这种类型的主题——"科学家更清楚自己是如何思考的"，
在波格丹诺夫的作品《信仰与科学》（对列宁《唯物主义
与经验批判主义》的回应）中得到明显反响。波格丹诺夫
在书中为他的哲学观点辩护说，使之免受列宁的批评，他
认为哲学是"无能的尝试"，"把已经破碎的东西拼接起来，
给人们一个统一的、完整的世界观，打破那些将人类经验
隔离在紧闭的牢笼中的壁垒，填补思想的鸿沟，架起一座
从思想到存在的桥梁。它的复杂性中是神秘而危险的，在
任何专业的框架内完成这一切显然是不可想象的。"

从这样的哲学思想出发，波格丹诺夫对列宁的认识论
分析只提出了响亮的声明，这些声明从一开始就拒绝了列
宁对他的批评，因为他说这种批评是来自"车间的哲学"。波
格丹诺夫不想听"那些把哲学研究理解为读书，把哲学工作
理解为在已读过的书的基础上写这种类型的新书"的人的话。
他认为马克思主义者必须放弃这种天真的概念，哲学是一

种意识形态，即"上层建筑"，或者说是一种派生的东西，因此，从自身出发来构建它是荒谬的。我们必须从解释"基础"开始，即研究生产力，而后者是由技术科学和自然科学构成的……

波格丹诺夫继续说："因此，一个受过良好教育的'生产力'专家——即技术和自然科学领域的专家，完全有理由不考虑哲学家的论点，因为就哲学工作而言，他本身比传统的哲学家更有学问。"

这就是实证主义在这场论战中——在反对作为现代唯物主义的真正认识论和逻辑的唯物主义辩证法的主要论点——反对列宁的哲学理解、哲学主体、以及哲学在发展科学世界观中的作用。

列宁费了好大功夫，终于表明波格丹诺夫的马赫主义对现代自然科学的提法是彻底错误的，实证主义绝对无权提及"从自然科学得出的结论"，"所有关于马赫哲学是'20世纪自然科学的哲学'"、"最近的科学哲学"、"最近的自然科学经验主义"等等，这些说法都充斥着双重错误……首先，马赫主义在意识形态上只与现代自然科学的一个分支中的一个学派有关，这正是所谓的"新物理学"，而且仅限于这个分支。因此它根本无权以所有自然科学的名义，特别是以20世纪的所有自然科学的名义说话。其次，也是最主要的一点，马赫主义中与这个学派的联系，并不是它与所有其他唯心主义哲学流派和体系的区别，而是它与一般哲学唯心主义的共同点。

就上述而言，马赫主义者提到的有一定基础的"新物理学"实际上误入了唯心主义，这主要是因为物理学家们不懂辩证法。

我们已经介绍了列宁作品的主要立场，即使在今天，当新经验主义的捍卫者也在建立他们的认识论（认识论）和逻辑，并且像本世纪初的马赫主义者一样，靠着最新物理学和数学的各种符号在认识论上进行不确切的表达时，这个立场仍然具有批判意义。

是的，今天这种不精确的来源仍然是一样的：对作为当代唯物主义、马克思恩格斯和列宁逻辑和认识论的唯物主义辩证法一无所知。

是的，今天"唯心主义哲学家们抓住著名科学家的最细微的错误、最轻微的表达模糊性，以证明他们对唯心主义的重新辩护是正确的"。

1908 年，他们寻找并抓住了赫兹的"表达的模糊性"。现在，他们同样试图抓住有利于他们的语句，从爱因斯坦、玻尔、博恩、海森堡、薛定谔和维纳身上，他们努力地压制着其他既赞成唯物主义又赞成辩证法的论述。

任何正在批评今天的经验主义的马克思主义哲学家都不能忽视这种情况。这种批评只有在对当代自然科学的实际状况进行分析的基础上才被证明是有效的。在量子力学、控制论、数学等领域本身，而不是基于这些物理学家、数学家和控制论专家所采用的思维方法的言论。

为了与列宁而非与波格丹诺夫成为同路人，就没有必要"根据自然科学和技术的最新成就"重新审视唯物主义辩证法，相反，要批判地分析理解这些矛盾的逻辑如何客观地导致了其最新成就。而这样的分析只有在作为现代唯物主义的逻辑和知识理论的明确、严格和持续应用的唯物主义辩证法下才有可能。

只要有人不加批判地接受科学技术代表人物的声明来"创造性地发展"逻辑和知识理论，那么他就会从列宁的道路上转到波格丹诺夫的歪路上。

正是由于对本世纪初以现代自然科学的名义和以"新物理学"的名义发表的言论采取了不加批判的态度，波格丹诺夫和他的哲学朋友们陷入了最原始的主观唯心主义："在哲学方面如此，在物理学方面也是如此，马赫主义者盲目跟风，无法从马克思主义的立场对特定潮流进行总体调查并判断它们所处的历史地位。"

正是因为无法做出独立的、马克思主义的，即辩证唯物主义的分析。无法对物理学知识体系中的现代变化进行认识论分析；在其理论部分，无法理解物理学家"物质消失了"这一说法背后的真正事实；无法理解物理学概念的真正变化。是哲学上不正确的表达，而不是波格丹诺夫等人对哲学唯心主义的先验偏爱，导致他们进入反动和教条主义阵营（出于出版审查的考虑，列宁被迫称之为"信仰主义"）。不能以辩证的方式思考问题是波格丹诺夫作为"新物理学"的代表陷入唯心主义的主要原因之一。

列宁坚持证明了一个最重要的真理：在我们这个时代——一个发生革命变化的时代（包括政治和自然科学），没有辩证思考的能力，就不可能坚持唯物主义的立场。即使在主观上厌恶教权主义，即厌恶唯心主义和反动主义，也无法坚持唯物主义。这无疑是波格丹诺夫的特点。列宁写道："波格丹诺夫这个人……是一般反动派，特别是资产阶级反动派的死敌。"

没有辩证法，唯物主义必然不是胜利者，而是被征服者，将在与唯心主义的论战中不可避免地遭受失败，列宁在稍后的哲学作品《论战斗唯物主义的意义》一文中重复了这一点。这是列宁的一个基本思想。这一思想不是简单地以论文的形式提出的，而是通过对物理学隐含的论述进行细致和批判性分析、对这些概念的非辩证解释来证明导致"新物理学滑向唯心主义"的原因。

其中包括我们知识的相对性原则（概念），这个原则"在旧理论突然崩溃的时期，牢牢地抓住物理学家，如果后者对辩证法一无所知，就不可避免地陷入唯心主义"。

至于今天"哲学家"所说的，好像列宁在研究《唯物主义和经验批判主义》时对辩证法不感兴趣，而只是在为"所有唯物主义的普遍 ABC"辩护，那一定是他们没有仔细阅读列宁书中的相关章节。或者，他们对辩证法的概念与列宁的概念有本质上的不同，列宁不仅在这本书里，而且在他后来所有的哲学作品中，包括《哲学笔记》和《论战斗唯物主义的意义》中都谈到了这个问题。

辩证法作为现代唯物主义的逻辑和认识论的概念，贯穿于《唯物主义和经验批判主义》的整个文本，并在稍后的《哲学笔记》中正式提出。其中"隐含"了列宁在 1908 年的立场。此外，它是以列宁对物理学和哲学的具体现象分析的形式展开的。列宁在整本书中陈述了唯物主义辩证法，而不是纯粹和简单的唯物主义。特别是在关于自然科学最新革命的章节中，他研究了客观真理概念中包含的辩证法，即构成客观知识的相对性与绝对性（无条件的、确定的、永远的）之间的辩证关系。而波格丹诺夫无法驾驭这种辩证法，在这里，他变得完全糊涂了。

一旦他看到了知识的相对性（事实上不可能忽视它），他就把他所有的热情投入到揭开每一个绝对主义的面具中，他揭露了这样一个事实：知识确实既不取决于某个特定的人，也不取决于人类整体，但它却因此已经从控制它的那些空间和时间条件下"移出"了。因此，它的产生不仅仅是一次性的，更是一劳永逸的。这就是波格丹诺夫或其他实证主义者从根本上无法想象的东西。他们之所以无法想象这一点，是因为他们拒绝了辩证法。

是的，这里必须作出选择：要么承认作为科学认知的结果，获得了人类永远不会被迫否定的内容，我们可以宣称这些知识是永恒的成就；要么宣布科学获得的任何知识都是一种纯粹的主观建构，而新的事实很可能推翻它。

换句话说，如果不承认科学知识的相对和绝对的有机统一和不可分割，你就不必谈论这种知识的客观性或普遍性。将真理与主观想法区分开来的任何可能性都被破坏了，知识的实践验证也变得不可能。在我们的观念中没有也不可能有任何客观的东西。

波格丹诺夫通过对"相对的和绝对的统一"的抨击，使自己与他认为在科学知识的发展中的辩证法脱离关系。与这些"绝对"一起，他被迫对客观真理的可能性议题口出妄言。

这个问题的核心绝非某个具体的真理是否是客观的，而是在于普遍客观真理的基本可能性。按照波格丹诺夫的说法，任何真理要么是客观的，要么是纯粹主观的，没有第三种。对他和伯尔曼来说，试图通过调查认知的发展、客观事物向主观事物的相互转化的方式来寻找这第三种东西，都只是黑格尔思维的阴险捏造。因此，他们的概念排除了关于客体、主体以及他们之间关系的讨论。

在他的认识论框架内，只有当对象已经在主体中得到表征（在一种或其他"有组织的经验"中，比如在意识里，在人们的思想状态中）时，才能讨论客体。这意味着只有当这个对象已经出现在语言中，在关于它的句子系统中，才能被讨论。因为思维被理解为完全是"内部"的和"听不见"的"无声语言"。

这样的思维概念在他的"经验一元论"中已经表达的很清楚了，当"经验一元论"这个词作为"集体经验的组织和协调"（如马赫所理解的，作为生理学的同义词解释了人们的心理）的基本的、感性的工具出现时，涌现出了类似的词汇："集体组织的经验"，或"集体心理"。只有在前者中，这些词才作为某种"感性感知的事实"和"调查研究的对象"而严格存在。

因此，在波格丹诺夫的模式中，人与人之间的物质关系、阶级之间的经济关系就没有立足之地。他被迫把它们解释为阶级之间外部表达的心理关系，解释为阶级经验组织的意识形态。（后来，这表现在创造"无产阶级对相对论的解释"和其他无产阶级的冒险行为中。）而这一切都始于无法在知识理论中统一相对和绝对的对立。波格丹诺夫从不承认第三种逻辑，非此即彼。

列宁用事实表明，知识的相对性这一真正困难的问题只能由这样人来处理：他必须用唯物主义辩证法，即马克思和恩格斯的辩证法把自己武装起来。

> "事实上，马克思和恩格斯的辩证唯物主义给出了相对性问题的唯一正确表述，对它的无知必然会导致从相对主义沦落到哲学唯心主义。顺便说一句，伯尔曼先生不了解这一事实本身，就足以使他荒唐的书籍《从现代认识论来看辩证法》完全失去价值。伯尔曼先生重复着关于辩证法的老掉牙的废话，他完全没有理解这一点。在知识论方面，所有的马赫主义者时时刻刻都显示出同样的无知。"

列宁也在论证的"每一步"中，在每一章和每一段中，在关于知识理论的每一个问题中，向他们提出了这种辩证法。并进行研究证明它不仅适用于感觉的问题，而且适用于形象、概念、真理和符号问题。我们不会列举在列宁与马赫主义者的论战过程中以辩证唯物主义方式解决的知识理论的所有问题，否则这个列表就太长了。

列宁在他的书中说道：这是知识论和逻辑的唯物主义辩证法，旨在解决绝对的具体的认识论问题。这是用辩证唯物主义方法阐述的认识论，也是思维的科学——也就是逻辑。这是对客观实在的认知逻辑，是对物质世界、事实世界和物质事实之间的关系的理想再现。通过其有意识的和一贯的应用，这种逻辑创造了《资本论》的逻辑，它是科学社会主义理论的基础，以及社会主义斗争的战略阐述。

整个马克思主义从上到下都是通过辩证唯物主义的方法建立的。因此，在马克思和恩格斯的任何作品中，研究他们的思维逻辑和他们有意识地采用的知识理论——辩证法，既是可能的，也是必要的。这不仅要在他们的著作中研究，而且要在他们一生中进行的政治斗争的真实逻辑中去研究。因为辩证法不仅是科学研究的逻辑，不仅是科学作品的统一，它也是一种真实理性的逻辑，它时刻充满生机和斗争性，在改变世界面貌的真实原因中发掘并得以实现。

波格丹诺夫和伯尔曼都不理解马克思和恩格斯的真正辩证法。他们只是在经典著作中找到关于辩证法的陈述，断章取义，寻章摘句。这首先发生在恩格斯的那些片段中，他通俗地解释了辩证法的 ABC，即最普遍的命题。

例如，伯尔曼的整个"对辩证法的批评"被简化为反驳恩格斯为了说明辩证法的正确性而引入的"例子"，他说可以很容易地用不同的术语重述，而不使用"专门的黑格尔"术语。除此之外，伯尔曼没有证明别的。总的来说，他的书中没有提到任何实际的辩证法，无论是黑格尔的，还是马克思主义的。他的书只涉及那些所谓的恩格斯和马克思不明智地从黑格尔那里复制的词汇和术语。

通过在"黑格尔"的词典中翻找，勤奋地解释"同一性"、"矛盾"、"否定"、"对立"和"综合"这些术语在前黑格尔和后黑格尔逻辑中的含义，伯尔曼宣告了他的胜利，他证明："在不同的意义上"和"在不同的背景下"，"黑格尔和他的模仿者以极其不严谨和完全不批判的方式使用这些术语"。他说，所有这些都是因为"黑格尔轻蔑地对待形式逻辑"，不断地把相反的和矛盾的判断放在一起。在他计算出"对黑格尔而言，'矛盾'一词有六种不同的含义"之后，伯尔曼得意洋洋地宣布了该术语今后必须使用其"唯一的意义"。无论谁在任何其他意义上使用这个词（特别是在"本体论"意义上！），都将被马赫主义的逻辑和知识理论逐出马克思主义和整个"现代科学"的大门。这简直是胡说八道！

让读者自己判断，这本"伯尔曼先生的荒唐小册子，提出了这样的老掉牙的废话"，是否值得列宁专门进行严肃的批驳。

列宁认为，既没有必要也不可能专门研究和驳斥伯尔曼反对辩证法的论点，原因很简单，因为后者一般来说从未涉及过任何实际的辩证法。对列宁来说，辩证法是科学地认识客观实在的方法，而伯尔曼关注的是任何生物有机体的心理生理状态的"经验的"语言表达。也就是说，他处理的不是同一回事。参与关于他的论证细节的辩论，就意味着要与他就论证的主题、论证的边界，也就是说要与所有那些一般的马赫主义前提事先达成协议。

但是，列宁毕竟已经通过反驳辩证唯物主义的形式，把这些前提砸得粉碎，因为它仅仅应用于认识论问题的具体研究。

对于辩证唯物主义（而不仅仅是唯物主义）对真正的科学认知所遇到的那些问题，列宁将他们的本质概念与马赫主义关于逻辑和知识理论的喋喋不休相对立。他表明，辩证法作为基本的思维逻辑嵌入科学家的思维，只有这种逻辑才能使他们找到并摸索出一条真正彻底摆脱自然科学、自然认知、特别是物理学危机的道路。列宁认为，20世纪摆在哲学面前的任务是认真阐述辩证法，把它作为科学思维的逻辑，作为能够帮助自然科学摆脱其危机状态的，真正科学的认识论。

马赫主义的逻辑和知识理论向自然科学建议，只有想像的和纯粹语言的方法才能解决其中出现的分歧、冲突和矛盾。这是因为马赫主义者只在知识的语言、术语表述中看到了矛盾的实际存在，而没有在这种知识构成的本质中看到矛盾，没有在概念的属性中看到矛盾（因为在辩证哲学的语言中，概念不是"术语的意义"，而是对事物本质的理解）。

为此，唯物辩证法把科学家的思维导向对矛盾的尖锐而清晰的解释，从而引导人们在新的、更深刻的、更客观的知识中寻找解决矛盾的具体方法。

马赫主义者的逻辑无非是对手头任何知识的口头表达进行纯粹的形式上的"协调"，它没有能力推动其前进。它的方式是纯粹在名义上"消除"已经出现在概念中的矛盾，对"符号"、"象征"、"文字"进行口头操纵，以及强行改变科学史上形成的事物名称。

时至今日，实证主义仍在研究这种"消除"矛盾的技术，但始终没有成功。因此，作为一种知识和逻辑的理论，经验主义在科学的发展中扮演了并继续扮演着本质上倒退的角色。在最好的情况下，这是一个保守的角色，但更多的时候，它是彻头彻尾的反动，因为它所阐述的形式对许多事情来说也许是很好的，但对现代知识水平的批判性分析来说却不是这样，对揭示这些知识中包含的矛盾问题（和仍然未解决的理论问题）来说也不是这样。

　　每种形式的经验主义对科学知识的态度本质上都是陈述性的。在知识发展的真正危机之处，在概念、流派和趋势（而非术语）正在发生碰撞的地方，经验主义只看到无矛盾的和平和安宁，只看到"向前运动"。它既没有能力也没有愿望去研究这个运动真实的或戏剧般的复杂性、它所有的矛盾和曲折、它所有的迂回甚至是倒退的动态和演变。

　　因此，实证主义者非常喜欢以现代自然科学的名义，甚至以所有现代科学的名义发言，尽管他们实际上总是只为一种流派说话，他们把自己的流派描绘成一般科学的普遍标准。在任何时候，他们的方向都不是针对事物的本质，而是针对它所特有的术语和表达方式。他们面向的是已经流行起来的文学、语言形式和思维方式。但是，在任何情况下，他们都不面向马克思《资本论》所代表的科学。

结论

当列宁在《哲学笔记》中尖锐而明确地提出他对唯物主义辩证法的观点时——这些观点已经被打磨成为箴言，他提出这些观点绝不是简单地从他对黑格尔作品进行的批判中得出的。更多地（甚至主要地）是将它们表述为他在哲学领域多年来的斗争结果的体现。他不得不与马赫主义者、"主观社会学"的捍卫者、"合法马克思主义者"以及第二国际的理论家（特别是普列汉诺夫和他的弟子们）中明显的马克思主义思想教条化的倾向作斗争。

试图把《哲学笔记》中专门论述辩证法的公式仅仅理解为黑格尔哲学公式的替代物和对立面，仅仅理解为黑格尔的唯物主义的再加工，这种立场从一开始就过于狭隘了。

同样，如果在这里发展起来的一般哲学立场只被看作是与马赫主义的主观唯心主义论战的结果，如果只在这种论战的背景下看待它们，就不可能理解唯物主义和经验批判主义的内容。在这种情况下，代表列宁哲学思想发展的两个关键文件就会出现错误的一面。因此出现了这样的传言：在《唯物主义和经验批判主义》中，列宁只为所有唯物主义的一般公理辩护（而据说没有特别关注辩证法），而在《哲学笔记》中，他对辩证法的问题进行了专门研究。而这就是为什么这两部重要的哲学作品的基本命题只能在相应的研究框架内考虑。在这些界限之外，列宁的基本立场被证明是不充分的，甚至是不准确的。

例如，在《唯物主义和经验批判主义》中阐释的物质概念被认为是"片面的"，"只在认识论方面的"。在与马赫主义者的辩论范围内，这样的概念是完全足够的，因为马赫主义者完全关注在认识论上，只在认识论方面反驳他们就足够了。然而，如果更广泛地考察物质问题，而不局限于反驳主观唯心主义，那么列宁的定义就被认为是过于狭窄，这个定义必须被"扩大"，在其中包括特殊的"本体论方面"。因此，出现了这样一个版本：在唯物主义和经验主义批评中，我们只是在处理马克思主义哲学的"片面的认识论"方面。因此，就产生了用特定"本体论"的补充来"完成"列宁定义的必要性。

另一方面，提到《哲学笔记》中明确提出的命题时，它们本身也被解释为仅在关于黑格尔的特殊论战背景下正确的命题，而在这一背景之外，它们被认为是"片面的"、"不完整的"和"不充分的"。换句话说，它们也不能被"按字面意思"当作马克思主义的一般哲学真理。事实证明，在与唯物主义辩证法有关的任何一点上，都不能"从字面上"理解列宁。他必须被"形象化"地理解，而且必须保留其论点中蕴含的矛盾对立的含义。

列宁对这一问题的解决方案的斗争持续了许多年，实际上是 1908 年、1914 年和 1922 年（这一年他发表了《论战斗唯物主义的意义》一文）同一斗争的延续。但这一方案在人们的眼中被分解为众多言论，这些言论不仅相互之间没有联系，甚至直接相互矛盾。重建列宁对唯物主义辩证法真正观点的任务，变成了协调他关于这个问题的各种声明的纯粹形式上的工作。这就是当列宁对唯物主义和辩证法的本质概念在《唯物主义和经验批判主义》和《哲学笔记》中都没有被发现时的情况。有一次，伯尔曼和波格丹诺夫在《反杜林论》和《资本论》中读到了相应的陈述，但他们无法在一个统一的、一致的框架内把它们联系起来，因为他们看到了这些陈述之间的逻辑矛盾。此外，他们早先把对逻辑的反辩证法的理解印入脑海，这种理解被简化为：逻辑是关于思维的"具体"形式和规律的科学，被理解为一种纯粹的主观过程，以文字、术语和符号的运动形式赋予逻辑学家。

如果"逻辑"一词仅代表这一点，而所有其他"该词的含义"都被先验地宣布为不合法和不正确，那么是的，列宁的命题对该词的使用，确实被证明是相互"矛盾"的。

然而，列宁对逻辑的理解是另一回事，他从未认为上述关于逻辑的解释是唯一正确的。

　　遵循恩格斯和马克思，而非马赫和伯尔曼，列宁始终把逻辑学既理解为人类思维完成的形式和发展规律的科学，又理解为反对他的专门逻辑学家的研究对象，其形式是所有人类文化：科学、技术、法律、艺术等等。换句话说，作为以历史上发展的集体（社会）意识形态（认知、心理、精神，在这个广泛的上下文中是同义词），独立于意志和意识的法则，以客观必然性的力量作用于认知，最终强行进入个人思维——这些法则对列宁来说就是逻辑法则和逻辑形式。这些不是由哪个人、那个历史上给定的思维个体或集体的意识方法，也不是哲学、辩证法、心理学中从未研究过的那些特定的思维规律。

　　在阅读列宁时，必须准确地按照列宁的方式来理解他使用的所有词语。如果做到这一点，那么辩证法既是现代唯物主义即马克思主义的逻辑，也是知识理论的命题。这就是列宁立场的最精确的术语表达，它贯穿《唯物主义和经验批判主义》和《哲学笔记》的整个文本，以及《论战斗唯物主义的意义》一文。

　　知识理论如果自称是一门科学，即对认识的形式和发展规律的科学，而不是简单地描述认识的生理、语言或心理条件（即不仅从一个世纪到另一个世纪，还有从一个国家到另一个国家，甚至从一个人到另一个人的情况），那么它也必须是关于一般精神文化发展的普遍规律的科学。

但在这个概念中，认识论也与思维科学相吻合，因而也与辩证法相吻合。后者在历史上和本质上都不过是反映在人类精神文化发展过程中的普遍（因而也是客观）规律的总和。辩证法也是自然和社会历史发展的普遍形式的总和。因此，辩证法的规律是事物本身的发展规律，是自然和历史现象的发展规律。这些规律由人类（在哲学中）实现，并通过改造自然和社会经济关系的实践来验证其客观性（真理）。

思考的逻辑"参数"是那些模式和规律的名称，思考的过程服从于这些模式和规律。这与我们的意愿无关，甚至与我们是否意识到它们，我们是否正确地理解它们，我们是否准确地把它们写成文字都无关。

然而这里有一个很大的区别：是我们在有意识的思考中服从这些规律，还是它们在这种思考中不顾我们有意识地应用而行动。在第一种情况下，辩证逻辑规律由我们自由实现，使我们的认识指向对外部世界辩证法的反映；而在第二种情况下，它们被强加给我们，打破我们有意识地应用的方法和规则，迫使我们在事实、实验数据、物质利益和其他情况的压力下，违背我们的意愿而使自己服从辩证法。

在分析物理学的危机时，列宁证明了这样一个重要的事实：在自己的领域里，科学家（特别是那些像马赫一样倾向于哲学思考的科学家）在思考时，每时每刻都被迫不仅与他们自觉主张的逻辑和认识论不一致，甚至直接与它的公理和假设相悖。而且，只要他作为一个物理学家在思考，就连马赫也会忘记所有关于思维的"经济"和"简单"原则，忘记禁止"矛盾"。通过这种自觉倡导的认识论学说和真正的思维逻辑之间的差距，辩证法自发地（即不顾意志和意识地）发挥作用，渗透到科学思维中。

因此，出现了这样一个矛盾的现象：辩证法成为物理学发展的实际逻辑，即使在个别物理学家有意识的逻辑取向中仍然是实证主义者，他也会不自觉地服从辩证法。他被迫进行辩证思维，但他是在极不情愿的情况下进行的，他抵制、反对，甚至试图用他们自己的（以前是反辩证法的）术语，在实证主义的逻辑和认识论的思想体系中为这种非自愿的思维过程"辩护"。

列宁证明，在认知和实践中有意识地接受辩证法的指导——而辩证法恰恰被理解为逻辑，被理解为知识和实践的理论——对于自然科学来说，比起把自己置于长期反对辩证法和违背自己意愿的情况下——都更可取，更"有益"。我们都被卷入和参与其中，无论是符合我们的自由意志还是违背它。

列宁完全明白，这也是存在于自发的工人运动和科学社会主义理论之间的关系，前者被整个客观环境积累的强大压力"稍微"推向社会主义的方向，后者则是由理论从外部积极地引入工人阶级的意识。

这个概念是"经济主义"和"孟什维主义"都缺乏的，它与列宁解决关于知识理论与自然科学所进行的认知关系问题有最直接的关系。

在波格丹诺夫试图从列宁的批评中捍卫马赫主义在知识理论中的立场时，他回忆起"俄国马克思主义者的两个政治派别之间的争论中的一个插曲"。布尔什维主义的列宁曾在《怎么办》一书中说，如果没有社会主义知识分子的帮助，工人阶级没有能力独立地把自己提高到超越工会主义的高度并达到社会主义理想。这句话完全是在与"经济学家"的激烈争论中偶然脱口而出的。它与作者的基本观点没有联系。这并不妨碍孟什维克作家在接下来的三年里，兴高采烈地把火力集中在列宁的声明上，污蔑地说他用这个声明永远证明了布尔什维主义的反无产阶级性质。我甚至依稀记得——也许我弄错了？——他们想为列宁树立一座纪念碑，因为他"在俄国工人中埋葬了布尔什维主义……"

这还不清楚吗？列宁的立场从根本上将革命的马克思主义与所有形式的"尾巴主义"分开，这被波格丹诺夫认为是一个"偶然的词语"。但值得注意的是，他正是在明确构想的认识论（以及一般的哲学）与这种自发知识的关系的争论中做出了这样的评价。

他说，在任何地方都有同样的"偶然"（而且从根本上说是"不正确"的）的说法，因为根据波格丹诺夫的说法，工人阶级能够"靠自己"阐述"真正的无产阶级世界观"，而不需要"任何知识分子"的帮助。自然科学也能够"靠自己"，从对其"方法"的自我分析中阐述"科学认识论"，不需要"陈旧的认识论者"的帮助。他举了马赫的例子作为这种"真正的科学认识论"的例子。

在他的工人运动理论中，波格丹诺夫客观上更接近列宁定义的工人运动中"尾巴主义"的立场，并将其定为在理论问题上的优势而进行传播。俄国马赫主义者在讨论知识理论在知识发展中的作用时也宣扬了同样的内容。在这里，我们发现了哲学中最纯粹的"尾巴主义"，谴责它为自然科学的工具，而且是一个非常沉重的工具：由于它"缺乏机动性"而阻碍了自然科学对自然奥秘的探索。同样，普列汉诺夫和波格丹诺夫在 1917 年的政治"尾巴主义"清楚地表明，它除了是革命无产阶级腿上的沉重锁链外，不能发挥任何作用。这个比喻十分贴切！

正是由于他对意识和认知的马赫主义观点，波格丹诺夫被迫把希望寄托在这样一个事实上：自然科学凭借其自身的努力，将在没有哲学家的帮助下，自己发展出一种认识论，而且比哲学家做得更好。在这里，他的政治和哲学的"尾巴主义"（即经验主义）之间的联系是很明显的。

另一方面，同样明显的是，列宁在《唯物主义和经验批判主义》中的基本论证路线与他在《哲学笔记》中出现的关于辩证法的格言之间存在着有机联系。

列宁写道："辩证法是（黑格尔和）马克思主义的认识论。这是普列汉诺夫（更不用说其他马克思主义者）没有注意到的'方面'"（不仅仅是"方面"，更是问题的本质），这绝不是一个"偶然的陈述"，而是作者基本立场的精确表达，是他关于辩证法观点的本质表达，也是列宁在《唯物主义和经验批判主义》中捍卫的问题的"本质"。

正是在那里，他既批评了波格丹诺夫和他的同道者对这一本质的完全无知，又责备了普列汉诺夫，因为他虽然正确地捍卫了唯物主义，但对具体作为知识理论的辩证法"没有给予关注"（关于辩证法的"一般"理论，普列汉诺夫写了相当多的文章，但关于具体作为知识理论和逻辑的辩证法，他几乎什么都没有写）。列宁责备普列汉诺夫不能提出辩证法与"最近的自然科学革命"的关系的问题，其根源正是在于后者对辩证法作为知识理论和现代唯物主义逻辑的无知。

因此，普列汉诺夫无法将唯物主义的知识理论与马赫主义的认识论相对立，也无法对马赫主义关于哲学与自然科学之间的联系提出反对意见。他对马赫主义的批评在本质上仍然是纯粹消极的和破坏性的，没有提出任何建议来取代被破坏的东西。

为了取代他所拆毁的马赫主义的认识概念，在这种"破坏"的过程中，列宁对辩证法作出了解释，认为它是马克思和恩格斯真正的知识和逻辑理论。这是列宁对马赫主义的批评优于普列汉诺夫的地方。

《哲学笔记》延续了同样的路线。列宁写下了以下内容："辩证法的这一方面——在普列汉诺夫那里，没有得到足够的重视：对立面的同一性被当作例子的总和。例如：'种子'、'原始共产主义'。恩格斯的情况也是如此，但这是'为了大众化……'，而不是作为认识的规律，以及作为客观世界的规律。"

越来越多的新的例子，证实了发展的普遍辩证法命题的正确性。相关介绍层出不穷，但问题的实质在于揭示了辩证法是认识的运动规律，它反映了客观发展中世界的普遍规律。辩证法不是任何科学家在认识中应用的纯粹主观的方法和规则的总和。

科学家实际上比任何认识论专家都更了解科学认知的方法和规则。科学家不需要从哲学中学习这些方法和规则。他可以从唯物主义解释的知识理论中学到别的东西：科学思维逻辑的辩证法概念。按照列宁的说法，这是辩证法的同义词。

读者如果没有从一开始就明白《唯物主义和经验批判主义》是专门讨论这个问题的，那么他在这部作品中要么什么都看不懂，要么陷入误解。

因此，在他们的逻辑概念中，波格丹诺夫和伯尔曼仍然保持着形式逻辑的立场，以主观唯心主义的方式将其解释为"规范和定理"的总和，这些规范和定理"在现实中没有任何反映"，只不过是人为的"规则"。如果我们想要获得科学认知的马赫主义理想，消除任何类型的矛盾，就必须遵守这些规则。因此，这两个人（以及所有后来的实证主义者）在他们的知识理论概念中仍然处于心理学的思想体系中，也就是说，基本上是把古老的心理学的概念翻译成生理学的术语。

当然，在这种"从一种语言到另一种语言"的翻译之后，这些概念就和以前一样主观，尽管它们找到了"唯物主义"和"客观性"的思想解释。类似的方法甚至到今天仍然被每一种实证主义采用，被他们视为一种"成就"。

因此，《唯物主义和经验批判主义》现在仍然是哲学领域中最及时的马克思主义著作。直到现在，马克思列宁主义一直为唯物主义辩证法，为现代科学的、智慧的、辩证的唯物主义的逻辑和知识理论而进行的战争前线中战斗。这是为唯物主义而战，没有它就不可能有马克思列宁主义的世界观。

革命就是革命，不管它是发生在一个巨大国家的社会政治"有机体"中，还是发生在当代科学发展的"有机体"中。革命思维的逻辑和革命的逻辑是同一回事，而这种逻辑就是唯物主义辩证法。

如果根据俄国政治和思想发展的后续历史，以及工人阶级的整个国际革命运动来解读，那么唯物主义和经验批判主义首先教给了我们这一点：历史已经清楚地表明，列宁的道路正在走向何方。它还显示了从实证主义的角度修正革命逻辑原则的歪门邪道。

现在的情况与本世纪初大不相同，当时有很多科学家正被实证主义蛊惑。现在，不仅仅在我国，还有其他国家，大量的科学家已经成为列宁主义辩证法的自觉盟友，尽管实证主义的思想家试图阻止这种联盟，但这样的联盟是不可战胜的。而哲学家的责任就是不断扩大和加强这个联盟。这就是列宁遗嘱的核心，也是他那本著作的主要论述。

从这个角度来看，有必要一遍又一遍的重读列宁的这本著作。列宁的思想是活的，就像对自然和社会的科学认知一样，就像国际共产主义运动一样。它将永远存活下去，使科学社会主义在全世界得以实现。

索引

《红星》, 53, 54, 59, 78

《马克思主义哲学论文集》, 39, 41, 53, 63, 92

《唯物主义和经验批判主义》, 1-5, 9, 22, 26, 28, 105, 106, 130, 139, 140, 141, 142, 147, 149

《哲学笔记》, 3, 23, 93, 130, 139, 140, 141, 142, 147, 148

阿芬那留斯, 16, 20, 41, 43, 50, 67, 71, 117

巴扎罗夫, 8, 15, 16, 17, 25, 37, 42, 47, 49, 53, 67, 86, 96

本体论, 3, 118, 120, 121, 122, 124, 135, 140

彼得罗维奇, 3, 19, 23

辩证唯物主义, 1, 2, 4, 7, 20, 25, 69, 92, 97, 98, 100, 105, 118-123, 129, 133, 134, 136

波格丹诺夫, 1, 5, 6, 7, 8, 10, 12, 14, 15, 16, 17, 18, 19, 21, 25, 26, 29, 30, 37, 38, 41, 42, 43, 46, 48, 49, 50, 52, 53, 54, 58, 59, 60, 63, 66-69, 72, 75-84, 86, 88, 89, 90, 94, 95, 96, 100, 101, 103, 104, 105, 111, 117, 119, 124-132, 134, 141, 145, 146, 147, 149

波克罗夫斯基, 17, 19

KARL-MARX
VERLAG

卡尔·马克思出版社

www.ingramcontent.com/pod-product-compliance
Lightning Source LLC
Chambersburg PA
CBHW072011290326
41934CB00007BA/1018

* 9 7 8 3 9 8 2 5 5 3 6 0 3 *